U0129279

鄭向恆散墨

鄭 向 恆 著

文 學 叢 刊
文史哲出版社印行

國家圖書館出版品預行編目資料

鄭向恆散墨 / 鄭向恆著 － 初版 -- 臺北市：文史哲,民 104.07
頁; 公分（文學叢刊；352）
ISBN 978-986-314-268-3（平裝）

855　　104013738

文學叢刊 352

鄭向恆散墨

著　　者：鄭　向　恆
出 版 者：文 史 哲 出 版 社
http:// www.lapen.com.tw
e-mail：lapen@ms74.hinet.net
登記證字號：行政院新聞局版臺業字五三三七號
發 行 人：彭　正　雄
發 行 所：文 史 哲 出 版 社
印 刷 者：文 史 哲 出 版 社
臺北市羅斯福路一段七十二巷四號
郵政劃撥帳號：一六一八〇一七五
電話886-2-23511028 · 傳真886-2-23965656

定價新臺幣二六〇元

二〇一五年（民一〇四）七月初版
二〇一七年（民一〇六）十月增訂再版

ISBN 978-986-314-268-3　　09352

向善有恒

向恒學弟紀念

陳立夫

陳立夫

七七.八.六.

Prof. Bernard T. K. JOEI, LL.D.
Suite 344, 4 Young street, Neutral Bay, NSW 2089 AUSTRALIA
Phone: (61 2) 9909-1460 Fax: (61 2) 9909-1973 Mobile: 0418-266-446
E-Mail: btkjoei@fnbird.com.au

老來四保

老身保養好
老本保管好
老伴保護好
老友保持好

芮正皋撰書自勉
乙酉年春於
澳洲寓所

芮大使老來四保

序

方祖燊

我和鄭向恆教授、李殿魁教授，雖同出身於台灣師範大學，但我們從訂交、相識到成為好友卻是很晚的事。李殿魁民國四十八年師大畢業，鄭向恆五十三年畢業。我四十一年二月就離開師院，為國語日報《古今文選》編輯；四十五年八月回師大為助教，五十年為國文系講師。但我們在師大卻始終未曾謀面。

後來，我在文化大學城區夜間部兼課，風聞張其昀先生沒有錢卻能創辦了這一所私立大學；後來，我又在陽明山文大校本部兼課，親睹他興建的巍峨的大成殿，造就了無數人才；不禁使我產生了欽敬之心。又令我想起張其昀先生沒有錢卻能策畫編纂《中文大辭典》；這部大辭典，係依據日本《大漢和辭典》編譯，由高明、林尹主編，李殿魁負責總編，開始時沒有稿費、編輯費，文大、師大中文所許多研究生參與其事。經過長長八年，終於在民國六十一年完成，為一部四十大本的大辭典。他們這種為文化事業而努力奉獻的精神，真是令人欽佩不已。

我在民國五十一年和黃麗貞結婚，第二年生下一對雙生子，程發軔主任為取名宗舟、宗苞。李殿魁和鄭向恆在五十三年結婚；我們由程師母口裏知道，他們在五十四年也生了一對雙胞胎女兒，叫做平平、安安。

民國六十年，李殿魁在文化大學，以《元代散曲》專著，獲得國家文學博士，在張其昀支助下，前往法國巴黎大學高等研究所進修。回國後在文大執教，並在師大國文系兼課，講授「元曲」。內子黃麗貞亦以研究「金元北曲」、「南劇六十種曲」、「李漁」在師大教「元曲」。我和他們卻仍未見過面。

後來，我們一對和他們一對，都參加了中國作家協會，都當選過理監事，在一年一度會員大會時見面，也只是偶而寒暄數語而已。

一直到胡秀兄邀集老文友，每月相聚，稱「蘭友會」；舊識有楊震夷、徐瑜、吳東權、朱慧夫、項紀台、蔣震、杜松柏。鄭向恆、李殿魁、郭心雲、毛先榕、戈正銘、鄧鎮湘、姚家彥、蒙天祥，由於相聚日多，終漸熟悉；相知日深，終成好友。

鄭向恆，就讀師大國文系時，就以會彈古箏、琵琶，聞名於校際。她因參加幼獅國樂社，和李殿魁相識相愛，所以一畢業就結婚。她早以多才多藝，聞名校際，所以一畢業就被外交部非洲司長楊西崑邀請參加我國「非洲文化訪問團」。團長為芮正皋大使，訪問非洲利比亞等十五個國家；她演奏古箏和琵琶。訪問團除演奏國樂外，還有舞蹈、平劇及合唱「茉莉花」、「高山青」，在一百天裏演出五十場，獲得非洲人喝彩。他們介紹我中華文化，促進各國的友誼。

她努力進修，先後獲得師大國文研究所碩士、文化大學博士班肄業，並到巴黎大學第五高等研究所進修，歷任文化大學、崇右技術大學教授，韓國東亞大學客座教授，並在淡江大學、世新大學為兼任教授。

鄭教授酷愛旅遊，寫下許多遊記：《半個地球》、《歐遊心影》、《海闊天空》、《鄭向恆遊記》、《江山萬里情》等，曾獲得中興文藝獎、文藝協會散文獎。她因寫遊記出名。民國八十二年（1993），大陸就邀請她參加「徐霞客研討會」。徐霞客，是明萬曆、崇禎間的著名旅遊家，足跡遍及齊燕豫秦楚皖贛江浙湘閩粵黔滇貴等地，先後三十多年，走遍萬餘里，寫下《徐霞客遊記》十二卷。今僅存三十多篇。我編《古今文選》，曾細讀其作品，選註了一篇《遊雁宕（蕩）山日記》。他寫遊記採用日記體，述事精要，尤工寫景。張其昀說：「霞客遊記，顯微闡幽，忠實記錄。有旅行之經驗者，攜書對照，輒為之驚歎不已。披卷覽觀，覺塵襟頓滌。」梁容若老師也說：「他所至名山大川，必尋源探脈，抉奧搜奇，為文簡而能盡，詳而不瑣，雖片言隻字，亦具景物之美，不求奇而自奇。」

《鄭向恆散墨》收鄭教授三十篇散文，遊記約佔一半篇幅，記貴州、山西、黃河壺口瀑布、嘉興、紹興、花博與世博、青藏高原、絲路中的吐魯番、火燄山。這許多地方都是我沒有走過遊過的，現在也能隨著她行蹤妙記神遊了一遍。她和徐霞客的寫法很相似，也是採用「日記體」，一段一重點，以極流暢精要的白話文撰寫，讀來更覺得爽利清切，猶大暑天吃脆梨，喝青草茶。並且在記遊中精搜歷史根源，簡述地理環境，包容了許多知識與常識。譬如：她在《山西深度遊》中說：

「此次來到山西，方知山西才是我華夏民族的發祥地，山西因地處華北太行山以西而得名。女媧伏羲發跡於此，燧人氏鑽木取火於此，堯、舜、禹曾建都於此，大禹治水始於此，春秋時期此地屬晉國，所謂『五千年中國看山西』實非虛傳。」

我讀了這一段文字也才知道堯、舜、禹和山西的關係。她寫景也非常精彩，兩、三百字就能把一處美景描寫了出來，而給人留下極深刻的印象。譬如：她寫壺口瀑布說：

「次晨乘車前往位於吉縣西面的黃河河床，我終於目睹了中華民族的母親河、黃河壺口瀑布真面目、河水如一條黃色巨龍、從北向南飛奔而來。由數百米的黃河水陡然墜入數十米深石槽，濁浪排空，驚濤澎湃，如巨壺沸騰，形勢如一個口小腹大的壺。」「我彷彿感受到黃河的心跳，不忍離去。」

當我讀了她這一段文字，再去看《美麗的中國》中「壺口瀑布」，感受自與以前大不相同，而深深體會到壺口瀑布氣勢壯麗之極！

人並非「樣樣俱精」，寫作亦如是。徐霞客僅傳三十幾篇遊記；卻使現代學者研究討論。陶淵明作《桃花源記》、《歸去來兮辭》和一些田園詩、飲酒詩，卻令後代畫家將之入畫。李、杜詩，膾炙人口的亦不過三、四十首。我想：鄭教授如能將她平生所作的遊記精編一集，亦足以自成一家，傳誦於世也。

鄭向恆散墨　6

鄭向恆散墨

目次

二〇一〇年九月於紹興魯迅故居

二〇一〇年九月於寧波蔣氏故居

二〇一〇年九月作者夫婦與資深作家蕭斌如(右一)合影於嘉興煙雨樓

二〇一〇年九月於嘉興拜訪92歲堂姑媽並贈送「鄭向恆隨筆」

二〇一一年八月於西藏，世界最高公園（羅布卡林夏宮）

二〇一一年八月與西藏林芝藏胞合影

二〇一一年八月於西藏，羊卓湖與敖犬合影

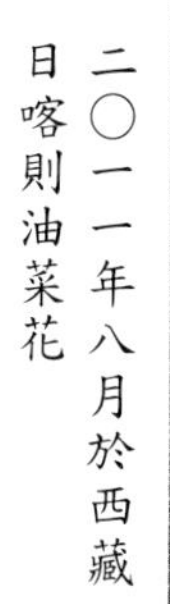

二〇一一年八月於西藏，日喀則油菜花

二〇一一年八月於西藏，那木措（神湖）

二〇一一年八月於國家公園巴松措山水

二〇一一年八月於布達拉宮附近之藥王山

二〇一一年八月於布達拉宮

二〇一一年八月於雅魯藏布江乘快艇

二〇一一年八月於雅魯藏布江

二〇一一年十一月參加佛光山世界華文作家協會與星雲大師合影

二〇一二年二月洛城與百歲大姑媽合影

二〇一三年八月作者夫婿李殿魁八十嵩壽全家福

二〇一四年九月作者於浙江溫州瑞安中學演講

二〇一三年五月一日王朝酒店
與秦厚修阿姨合影

二〇一〇年九月上海世博會

二〇一一年芮大使嵩壽與
訪非團員設於台北餐敘

有您真好

攜手同行

馬英九

敬贈

二〇一六年二月廿七日台北賓館新春文薈

春節貴州行

二〇一〇年二月十二日，除夕前一天我和外子殿魁偕同小女安安，小兒阿鴻、媳婦、孫女一家六口從台北直飛貴陽，圓了多年來「貴州」行的美夢，除了遊山玩水外，還尋找了家族的一段歷史，自小我就從長輩口中聽說了抗戰期間的一段血淚史。民國二十八年為了逃日本鬼子，才二十出頭的父親投筆從戎，攜帶爺爺奶奶以及年僅十歲的小姑，從浙江嘉興逃到湖南長沙，借住我的外公（地主）家，與母親一見鍾情結為夫婦，之後又倉皇逃至貴陽，不幸的是奶奶在湖南易家灣被日軍炸死，媽媽在貴陽生下了我，為了紀念奶奶取我乳名為湘念。奶奶死得很冤枉，日本軍機在上空掠過，大家伏趴在地上，奶奶不等飛機走就抬頭看四周人們的安危，不幸胸口中彈死於非命，父親在兵荒亂中把奶奶埋葬，抗戰勝利後，父親又去當時埋葬奶奶的地方，已是荒草一片，民國二十九年在貴陽的一年中，生活非常艱苦，小姑和母親睡一張床，父親和爺爺住在工作單位的宿舍，我剛出生睡在搖籃，牛奶沒得喝只有母奶和米漿，之後繼續轉進昆明。

一九四九年秋，大陸淪陷，我隨雙親來到台灣，上小學二年級，雙親不忘帶了我民國二十九年在貴陽七個月大的黑白照，迄今仍珍藏在我的相簿中。春去秋來，歲月如梭，七十年過去了，當年呱呱落地的嬰兒，彈指之間，如今已是兩鬢斑白的老人了，兩岸開放以來一直想計畫去出生地看看，但又是期待又怕受傷害。二十多年來我曾跑遍大江南北，卻無緣前往貴陽，印象中的貴州，是個地無三尺平，人無三兩銀的蠻荒之地，據說當年逃難的車，行在盤山的道路上，就有車輛翻落……。二〇〇六年我們在上海和殿魁的弟弟殿臣一家歡聚時，在貴陽廣播電台工作的侄女就邀請我們去貴陽，去年春節已經訂了機票，因逢罕見的華南大風雪而取消，今年總算成行。，在除夕夜的焰火中，一改過去對貴陽錯誤的印象，尤其是高樓大廈林立，馬路車輛穿梭的貴陽市，到處是國酒茅台酒、買賣房屋、各類商品的巨大廣告，以及新年快樂、虎虎生風、張燈結彩的標語。

在穎穎侄女的精心安排下，我們吃得好、住得好、玩得開心，最難能可貴的是和上海飛來的殿臣弟弟及弟媳溫雁，過了一個焰火四射，璀燦奪目的除夕夜。真是「人生如夢，夢如人生」。殿臣在七十年代，從上海分配到貴陽營造廠工作了二十四年，成家立業於一九九三年才回到上海，另謀出路。女兒卻一直和外婆家人住在貴陽讀書、就業，目前是電台的名主持人，在她精心安排下，春假期間我們先後遊覽了甲秀樓、花溪、青岩古鎮、龍宮、黃果樹大瀑布、天星橋、紅楓湖、侗寨、天龍屯堡以及西江苗寨等，真是大開眼界，收穫甚大，謹就記憶所及，茲略記一鱗半爪於下，以為紀念。

好一個璀璨奪目的除夕夜

二月十三日，年除夕，白天參觀了位於貴陽南面建於明朝的甲秀樓以及黔靈公園後，晚上在市區的一家海鮮樓享受豐盛的年夜飯後，親友都來到我們下榻的都市怡景大酒店十七樓一七〇六套房中的大客廳喝茶聊天守歲，並隔著落地玻璃欣賞迷人的夜景，高樓大廈亮麗的燈飾以及火樹銀花倒映在南明河，加上空中五光十色的焰火及鞭炮聲，真是令人眼花撩亂，媳婦心怡禁不住用手機錄了下來。據說貴陽正在實施一項所謂的「亮麗工程」，大量使用ＬＥＤ燈，使整個城市亮麗起來。我們住的這家酒店視野非常好，附近的電視台、廣播電台、民族文化宮以及市區的大型百貨公司盡收眼底，可惜有著小西湖八景之稱的甲秀樓、涵碧亭、水月台等夜景無法看到，否則更美了。多年沒來貴陽的殿臣也驚訝貴陽發展之快，可謂一日千里，近年來我跑了許多大城市，的確大廈林立很豪華，但是總覺得少了些「文化」，這恐怕得從基本教育紮根才行。

龍宮、黃果樹大瀑布一日遊

二月十五，大年初二，在穎穎的安排下，我們一大早，登上了一輛中巴，驅車前往位於西南方的龍宮、黃果樹大瀑布一日遊，隨行的導遊小姐「小楊」，一路為我們介紹貴州的風土人情，自然景觀。貴州省是世界上「喀斯特」地貌分布最廣的地方，它以險峻雄偉的自然景觀聞名於世，素有「喀斯特王國」之稱，由此產生了無數的奇山秀水，而龍宮更是展現了神奇的喀斯特地質地貌。貴州有五個台灣大，人口卻只有三千萬，百分之六十是高低起伏的山丘，公路相當平坦，車輛稀少，沿途飽覽貴州的山丘梯田，農舍、油菜花田，車程兩小時，途中下車休息時，我隨地撿了個石頭做為紀念，畢竟這是生我、育我的地方，雖然不知出生在哪個角落。不知不覺車子抵達位於安順市山上的溶洞龍宮景區，區內離不開「龍」字，包括龍宮、龍瀑、龍潭等，我們是直接進入溶洞，不知是否年初二回娘家的日子，整個溶洞內只有我們這一艘船。據說溶洞穿過二十七座山，是全國第一長溶洞，我們只遊了一部分。那千姿百態、五顏六色的鐘乳石，以及飛瀑的水花，幽情的隧道，令人如夢如幻，走馬看花之後，中午驅車到黃果樹賓館用餐，賓館的題字出於名畫家劉海粟手筆，蒼勁有力，連筷子的包裝紙上都有著他的墨寶，我特地收起來做紀念。午餐後乘車前往黃果樹風景區，門票一張一百六十元，當天為回饋本地居民，特別開放持居民證者，可免費入園。我們穿過廣大的花壇盆景區，再又踏上山中所開鑿的電動手扶梯，來到山腳下，隨著人群沿著狹窄彎曲的石階，來到了峽谷河床，面前懸崖倒掛，絕壁陡峭，那從天而降的黃果樹大瀑布，立即呈現眼前，白花花的瀑布高77.8米，寬101米，是世界名瀑布之一，雖不如尼加拉瓜瀑布雄偉澎湃，卻如行雲流水般的飛瀉直下，無論晝夜陰晴，日復一日，月復一月，奏著朗朗悅耳的音樂，它又像寬廣的白鍊掛在天空，據說夏、秋河水暴漲時，每秒水流量達一千多立方米，可以說震動雲貴高原以及神州大地，它的源頭係白水河，當然也要有這陡峭深陷的大峽谷，才有這大瀑布，除此之外，四周仍有許多大小不同的瀑布，瀑布像是大山的靈魂，有了它，大山才有生命，從二〇〇四年開始，每年在此舉辦布衣族節慶。黃果樹瀑布還虛構了西遊記中的水濂洞，它深藏在瀑布裡面的高懸岩壁中，兒子一家自告奮勇沿著山路攀登前往領略，我則望簾興嘆，守候在徐霞客的塑像前，在塑像前遙想明朝徐霞客是如何抵達黃果樹瀑布的，在那個時代，安順是少數民族居住的地方，是「夜郎國的屬地」，那時候交通不方便，仍是羊腸小道，必須步行數十里才能抵達此地，這種吃苦耐勞的精神令人欽佩，難怪大陸封他為「游聖」，據說黃果樹瀑布為了向聯合國申請世界遺產，正著手將少數民族遷移，重新整理規劃，尤其是環保方面，徐霞客地下有知一定舉雙手贊成，因為徐霞客是位注重環保的人，他在岩溶地貌方面做了深入的研究。離開黃果樹瀑布來到天星橋石林風景區，淺淺的水面上鋪了一年三百六十五塊上面刻有月日的石頭，我們都踏在屬於自己的生日石上許願（聽說這樣會實現），並穿梭在這個千姿百態的石林、石筍間，有「人在石中行、天從縫中出」之感。這些石林都是億萬年前所留下的，我情不自禁摸著這些經過長時間風吹雨打，被流水侵蝕而成的奇特石峰，真想搬一塊回去，在此高原空氣沒有汙染，精神也為之一振，真是不忍離去。

紅楓湖到天龍屯堡

二月十六日，大年初三，在零下一、二度的寒風中，我們一早乘車前往紅楓湖，侗寨、天台山五龍寺、天龍屯堡遊覽。一小時車程抵達紅楓湖，遊客稀少，由於氣溫低，湖面漂浮一陣陣薄霧，我們一家大小乘坐遊艇，暢遊這有著十倍西湖大的紅楓湖，最不可思議的是竟然有人在湖中游泳，勇氣可嘉。紅楓湖分北湖、中湖、南湖，湖內分布了大大小小一百七十多個島嶼，由於山中有湖，湖中有島，島中有洞，洞中有湖，景觀奇特，已列為國家級風景名勝區，在山清水明幽靜靜的湖上遊湖，令人有置身山水畫中一般。離開紅楓湖，繼續參觀築在山區的侗寨，布衣寨、苗寨等，在侗寨的鼓樓拍照逗留之後，又繼續前往位於平霸縣的天龍鎮遊覽。貴州是個多元民族的地方，除了苗族、侗族外也有六百年前所遺留下的大明王朝的後裔，明太祖朱元璋為加強其在西南的統治，在此駐軍築堡。中午在一家百年老店大啖農村菜餚，菜色別具風味，惜廁所不敢領教。經濟發展中「吃」固然重要，但也必須注重基本的設施，連門都省掉的廁所，有誰敢上？其實廁所不在豪華，但基本條件要有，水要乾淨，要有門，當然還要有衛生紙，這是題外話。下午在漢族地陪鄭孃孃（小姐之稱）的帶領下，前往天台山一遊，山雖不高，卻要陡步沿著石階而上，殿臣弟扶著大他十四歲的大哥走走停停又停停走走，終於抵達山上的「五龍寺」，我這個做大嫂的只有尾隨在後，欣賞兄弟倆的背影。一九四九年殿魁隻身隨父親的朋友來台和大陸家人隔絕近半世紀，直到兩岸開放探親，殿魁已是五十多歲的人了，才見到這位在上海出生，卻從未晤面的小弟，而小弟長大後也常面對這從未謀面的大哥照片，相見如在作夢，詎料，這次又相聚卻在貴陽，光陰似箭，大哥已是七十七歲的老人，需要人扶著才能登山，尤其由弟弟攙扶著走，更洋溢「親情之可貴」。天台山內的五龍寺，歷史悠久，建於明朝，由木石架構而成，由於春節期間，來此上香拜佛者甚多，寺內有明吳三桂的遺物展覽，包括寶劍一把，朝服、朝匾等。登上天台山頂，可俯覽四周如蓮花般的山群，以前有著軍事防禦性的「天台山」，如今已成為佛、儒、道三教合一的聖地。下山後又繼續前往古鎮參觀，穿梭在石街古巷中，彷彿時光倒流到六百年前，原來「天龍屯堡」人，大都從南京及內地遷來的屯軍後代，是道地的漢族人，鎮上仍保留明代的生活習俗，這裡的人大都著大襟寬袖，藍色長袍，屯堡中的村寨，大都沿襲了具有江南水鄉風格的石頭村落建築形式，天龍古鎮都是石頭建築，有句順口溜「石頭的瓦蓋石頭的房，石頭的街面石頭牆，石頭的碾子石頭的磨……」道盡了屯堡古鎮石頭魅力，因為石頭具有軍事防禦的作用。這些石頭歷經風吹雨打，仍保存完好，古城堡上依稀可見戰亂留下的痕跡，古鎮上還遇到一位奉茶的老太太，著漢服，談話中仍有南京腔。地陪又帶我們去欣賞了一齣所謂的安順「地戲」，帶著面具上場三戰呂布的戲，有振奮軍威，恐嚇敵人的作用，地戲古代叫「軍儺」，有驅邪之意，源自於春秋時代，這種戲已絕種了，沒想到在這裡仍在上演，它是以平地為舞台圍場演出的戲劇。在古鎮買了隻銀戒指，當地人說婦女戴銀飾會帶來福氣。

西江千戶苗寨散記

如果來到貴州，不去苗寨探訪就虛此一行了，二月十七日我們清晨登車，直奔西江苗寨參訪，車子行駛在二〇〇七年始通車的西江高速公路，一路通暢無阻，兩旁群山環抱，山不高，除了山還是山，公路中間植有綠樹或松樹，綠化得不錯，車程三小時半，九彎十八拐，上到雷山縣東北的苗族村，古典小說常出現的西江苗寨，此地建築和天龍屯堡完全不同，放眼望去全是依山而築的木質吊腳樓，層層相疊，堪稱中國歷史文化古鎮。此地婦女們均著長裙帶銀帽、銀飾。我們欣賞了一場精彩的歌舞表演，主持人自稱文化大使，不但介紹節目內容，還邀請遊客上前同樂，除了敬酒歌、情歌外，還有板凳舞、蘆笙舞、苗族古歌，豪邁又明快，其中的板凳舞顛顛嘣嘣的，節奏生動，連我這老天真，都情不自禁手舞足蹈動了起來，屈原楚辭天問：「楚聲冠中國」，大概就指的苗族樂器吧？此地有木材所建的苗族博物館，包括歷史、生活習俗、服飾、銀飾等廳，展示了苗族人民的智慧，特別是在服飾廳中欣賞了苗族的刺繡藝術，包括了花、鳥、魚、蟲，色彩鮮艷，栩栩如生，原來苗族姑娘十多歲就開始學刺繡，刺繡的技術已被聯合國列為非物質文化遺產。從博物館出來後發現孫女兒芳芳，笑咪咪地已穿上由媳婦租來的苗服，並戴上銀飾，有模有樣的讓家人爭相和她拍照，留下美麗的珍貴鏡頭。暮色蒼茫中，乘車返回貴陽，晚上八點在一家「美林閣」用餐，為此次黔西與黔東南之三日行，畫下完美句點。次日自由行，我在溫雁陪同下，逛了貴陽市區的人民廣場、民族文化宮、美國連鎖的大型賣場 **Walmart**，由於過年期間人潮洶湧。惜無緣參觀製造茅台酒的酒廠，因為它在貴州北面，據說由於水好、氣候好、土壤好，加上優質的高粱小米為原料，釀製五年才出售，故價格昂貴一瓶七年以上的茅台酒，索價七百多人民幣，據說早在一九一五年茅台就已評為國際第三大名酒，因為當時瓶子打翻酒香味溢出，才被老外發現。我們在師大國研所的華仲華仲麐教授，便是貴州茅台酒老闆，常聽他用貴州腔談茅台。後來尼克森訪美時也盛讚茅台酒，茅台酒因而揚名國際。晚間在繁華的一家「俏江南」用餐，在座包括殿臣親家等人，這是家連鎖店，總店於二〇〇〇年在北京成立，是中國最具潛力的國際餐飲服務管理集團所開設，目前在上海、成都、南京等已有五十家，貴陽這家於二〇〇九年十月開張，有三十三個包廂，五百個餐位，相當氣派豪華，每道菜都有名堂，連「文房四寶」也可變成名菜上桌，菜色的創意發揮真是令人大開眼界，一桌吃下來五千多人民幣，是一般老百姓兩個月的薪水，大陸貧富差距懸殊由此可知。此次「貴陽行」我實在很想努力來了解這個奇特的地方，但在這來去匆匆之間也只能捕捉一鱗半爪而已，希望以後能再來。

九十九年四月 展望雜誌

山西深度遊

前言

山西，在我腦海中曾一片空白，數年前看過連續劇「喬家大院」才知原來晉商起源於山西，所謂「票號」是清代重要的信用機構，多由山西人開票和經營，喬家大院也列為清代民居建築的一顆明珠，所謂「皇家看故宮，民宅看喬家」但是此次來到山西，方知山西才是我華夏民族的發祥地，山西因地處華北太行山以西而得名。女媧伏羲發跡於此，燧人氏鑽木取火於此，堯、舜、禹曾建都於此，大禹治水於此，春秋時期此地屬晉國，所謂「五千年中國看山西」實非虛傳。

今年五月十一日本人有幸在戴瑞明大使推薦下參加了旅美華人方桑慧娟的組團，前往山西做為期半個月的山西深度旅遊，團員共三十八名，大都是早期留美的台大外文系校友，從台北出發與他們在西安會面的僅戴大使夫婦及台大教授何佑森夫人李大平女士及本人。

來自美國各地的華人，大都是已退休的夫婦檔，他鄉遇故知，大家相見甚歡，我雖不是台大校友，但我的表弟張慶勝、堂弟鄭治明都是早年台大農化系與經濟系畢業的，分別榮獲芝加哥大學生化博士及耶魯大學經濟學博士，我也算台大之友了，有緣千里來相會，為期十三天的行程從晉南到晉中到晉北，都留下我們的足跡，所謂行萬里路，讀萬卷書。收穫良多，受益非淺。

壺口瀑布，聆聽黃河交響樂

五月十二日我們從西安出發，分乘兩部遊覽車，浩浩蕩蕩前往晉南（山西吉縣）駛去。車子奔馳在寬闊的公路上，兩旁是一望無際的農作物，中午在司馬遷故居韓城午餐，下午經過芝川大橋後繼續前行，終於來到山西境內。山西位於黃土高原，大都是山丘。平原、沼澤只佔四分之一，土地肥沃、卻缺水，農作物大都以小麥、玉黍為主，卻盛產煤。地面上保存了許多古老建築遺跡寺廟、壁畫、雕塑、所謂﹁地上看山西，地下看陝西。」午後抵達山西臨汾市，行行重行行經過龍門大川橋，河津等地，以及薛仁貴故里等處，之後繼續前往吉縣，車子緊貼著黃河危岩峭壁。在環山的碎石路上搖搖晃晃行駛，晚間抵達壺口瀑布風景區，下榻於壺口飯店，一進門就看到巨幅的壺口大瀑布的放大圖片。這不就是早期五十元人民幣上的瀑布嗎？但是人們只知道紙幣的價值、誰去注意這座位於秦、晉峽谷、黃河中游的〔世界第一座黃色瀑布〕？春節期間，我們全家去了貴陽的黃菓樹大瀑布，以為那就是中國第一大瀑布。殊不知壺口瀑布雖不如黃菓樹瀑布有名、它卻是中華文明史的搖籃，它孕育了我生生不息的炎黃子孫，只是地處偏遠、交通不便〔養在深閨人未識〕無人理會、無人報導而已。據傳五月十九日，將在上海世博會演出〔黃河情韻〕一定很精采。

次晨乘車前往位於吉縣西面的黃河河床，我終於目睹了中華民族的母親河、黃河壺口瀑布真面目、河水如一條黃色巨龍、從北向南飛奔而來。由數百米的黃河水陡然墜入數十米深石槽，濁浪排空、驚濤澎湃，如巨壺沸騰，形勢如一個口小腹大的壺。但是你必須花二十元人民幣的門票下到龍洞（又名觀瀑洞）才真正體會到瀑布的偉大！那瀑布來自天上、如交響樂般。龍洞、傳說是大禹治水時所開鑿，洞深十三米多、洞下平台面積一百一十八平方米、順旋轉階梯下到壺口底層、仰望瀑布的雄姿，正是〔黃河之水天上來、奔流到海不復回﹂的寫照。壺口底部，為兩壁對峙的大石縫，當地人稱﹁十里龍槽﹂、龍槽左右兩側危石凌空、巨流由東西兩側跌撞在怪異的危石峭壁上、如群龍掀浪、不知﹁黃河交響樂﹂靈感是否來自於此，我彷彿感受到黃河的心跳，不忍離去。

離開吉縣時、書記毛益民知悉車上有著名大使及哈佛大學資深教授（北京社科院院士何毓琦），為了安全、特派開導車在我們的遊覽車前直到平地後才離去。在壺口飯店，我曾贈送﹁鄭向恒隨筆﹂一本給毛書記，他回以壺口粗布布料以及紀念郵票、盛情可感。

壁畫藝術之宮——永樂宮

五月十四日清晨出發前往位於芮城的永樂宮，車子盤山而行、九彎十八拐、山勢險峻、路邊出現冬暖夏涼的窯洞，長途跋涉，後抵達列為世界文化遺產的﹁永樂宮﹂。此宮原建在永樂鎮、黃河邊，後因建水壩，由周恩來下令將整座建築移到芮城。修建始於一九五九年，完成於一九六四年。芮城位於晉、秦、豫三省交界處，是山西省南大門，在我國商朝時代，是芮侯所在地，史稱﹁古魏﹂，使我想到旅居澳洲，年已九旬的芮正皋大使。這個地方應該是他原始祖先的發源地。目前的芮城街道寬敞、濃蔭密佈，到處可看到﹁生態芮城、文明和諧﹂的標語。永樂宮是我國道教三大祖庭之一，是為紀念唐代八仙之一呂洞賓而建，曾毀於火，元代重修，是現存最大的元代道教宮殿的建築、相當雄偉。宮內包括三清殿、純陽殿、重陽殿，復建後並增「無極門」。殿與殿之間有甬道可通，其中以三清殿壁畫藝術馳名中外，宮內最有名的是「朝元圖」，已列為世界傳世名畫，內容敘述各方神仙雲集朝拜「元始天尊」「靈寶道君」「太上老君」之群仙圖，惜內部不可拍照，也無燈光，只能在黑暗中摸索壁畫上的一些皇天后土，青龍白虎星君、西王母以及威風凜凜的力士，以及立於主神兩側的數十名端麗的仙女，顏容頭飾，美侖美奐，有交頭接耳者，有回顧側目者，各天神之性格，無論用筆、構圖、細微中求變化，線條色彩，流暢明快，尤其衣帶的表現更如龍飛鳳舞般，搖曳生姿，無論市井人物、天上神仙，無不栩栩如生，尤其是溫雅美麗的西王母，令人印象深刻。

道教是中國土生土長的宗教，「純陽殿」奉祀的正是道教神仙呂洞賓，純陽是呂洞賓之號，純陽殿內講述呂洞賓許多傳奇的事蹟，主要有呂洞賓和道教神仙鍾離權二人論道的情景，四周環繞以青松、山石、花木組成之仙境，也有呂洞賓誕生時，家中瑞光四射、白鶴飛舞的氣氛，成長後的虎體龍鰓以及舉進士不第，後受鐘離權點化得道成仙，到處普渡眾生、為民治病、施行善事等故事，其中還包括狗咬呂洞賓、八仙過海、黃梁一夢等情節。據說呂洞賓是文武雙全的人，並有一段與荷花仙子的動人愛情故事。在永樂宮的呂洞賓百字拓碑中，我買了一幅呂洞賓所書寫的「壽」字以為紀念。

中午在芮城大酒店（魏都御膳苑）用餐，據說二〇〇八年九月二十八日開始每年在此舉行國際書畫藝術節。

康熙帝師的故里——皇城相府

五月十五日一早前往晉城市陽城參觀「皇城相府」，「皇」與「黃」同音，是一代名相文淵閣大學士，康熙帝老師，康熙字典總閱官——陳廷敬的府邸，早期編印的「康熙字典」，打開序文即可看到總閱官——陳廷敬的名字。殊不知他就是山西晉城人，明、清兩代陳氏家族有經商的，有做官的。「故居」由內城、外城，山西院紫云碑林等景點組成，相當巍峨壯觀，佈局井然，佔地十萬餘方米。陳廷敬號午亭，此間有康熙題的「午亭山村」匾額，他一生崇奉儒家修、齊、治、平的思想，民為邦本，本固邦寧，有助於康熙的治國理念。他除了編康熙字典外還編篡大型「佩文韻府」，是文人學士寫詩作詞的辭典，康熙曾兩度來此，相府內掛有至聖先師孔子像的「私塾」。及中華字典博物館，我們在相府城門前，欣賞了一場身著清朝服飾的陳廷敬相府主僕等人打著彩旗和喜慶宮燈，列隊恭迎康熙前來接收「康熙字典」的儀式表演，來自四面八方遊客相爭拍照。「康熙王朝」連續劇某些場景即在此拍攝。陳世家族中出現四十位貢士、十九位舉人，九人中進士，六人入翰林，是中國北方第一文化巨族之宅。

午餐後，繼續參觀有著「堯都」之稱的臨汾市，市內道路寬敞，綠化很美，路邊不時出現「平安和諧」標語，這不正是孔子思想麼？晚間下榻晉南最大的五星金都花園大酒店，建築相當氣派宏偉，惜西式早餐無咖啡，大概外國人很少來此，這是題外話。

文化古城——平遙

五月十六日一早，從晉城出發，長途跋涉經過洪洞縣，參觀廣勝寺、王家大院等地後，直驅祁縣「平遙古城」，車程五、六小時，晚間下榻平遙明清古鎮，古色古香、青磚灰瓦的四合院「云錦成」客棧，房間內有明清土炕，餐廳內八仙桌椅。在此連住兩夜，先後參觀了平遙古城、雙林寺和喬家大院。平遙縣位於中國北方黃河中游、黃土高原東部的太原盆地，平遙古城春秋時代為晉國屬地，戰國時為趙國，北魏時設平遙縣，迄今有一千五百年歷史。明清時期，平遙商業發達，商賈雲集，清中葉中國第一票號在平遙問世，構築了四通八達金融匯兌的網路，「誠信、利人」正是晉商的作風。平遙又有「龜城」之稱（吉祥之意）明清以來曾多次修復，城牆有防禦風沙的作用，古城有六座城樓，我們曾登到城牆俯覽古城，並遊覽明清老街。一九九七年被聯合國評為世界遺產名錄。我們參觀了中國票號博物館，中國第一家「日昇昌」票號舊址，佔地一千四百平方米，由三進式穿堂樓院及二十一座建築組成，日昇昌前身是西裕成顏料莊，清道光三年（西元一八二三）年改為專營匯兌業務的票號，鼎盛時全國設有三十五處分號，十九世紀業務擴展到日本、新加坡等地，問鼎商業界一百年，在金融史上佔有重要地位，正如同今日之美國華爾街。館內有「日昇昌記」橫匾，院內有「匯通天下」以及「日麗中天萬寶京華同耀彩，昇臨福地八方輻輳獨居奇」聯以及橫匾「麗日凝輝」，館內也有帳房、信房、大堂、二堂、內宅…等。明清老街古色古香，有傳統小吃以及土產、紀念品等，惜遊客不多。之後參觀有二百年歷史的雙林寺，在平遙古城西南，雙林寺佔地一萬平方米、包括天王殿、釋迦殿、羅漢殿、武聖殿、大雄寶殿、千佛殿、菩薩殿等，保存了二千多尊神采飛揚、栩栩如生的明代彩塑。其中十八羅漢、千手觀音甚為壯觀，尤其千手觀音，塑有二十六隻手臂，象徵"千手“。許多大學藝術系學生在此臨摹，寺內還有露天舞台。

次日一早驅車前往太原方向祁縣，參觀聞名於世的「喬家大院」。

華北第一博物館——喬家大院

凡是看過張藝謀的〔大紅燈籠高高掛〕以及紅極一時的〔喬家大院〕，沒有不知道喬家大院的。〔先信義而後利、吃小虧贏得客戶信任〕是喬家經商格言。喬家是晉中著名商號，喬家第三代喬致庸的宅第，一磚一瓦展現了中華文化的精髓，院內有〔在中堂〕故宅，可謂〔不偏不移〕的儒商，東北院主樓懸有〔為善最樂〕匾，此外還有許多與儒家有關的對聯。「百壽園」兩旁有左宗棠聯：「損人欲以厚天理，蓄道德而能文章」及橫額「履和」，可見左宗棠與喬家關係了。其他尚有〔靜怡〕〔敦品第〕〔大夫第〕〔慎儉德〕等匾，懸於各大院門樓。六院有庚子十年，左宗棠接見喬致庸的蠟像。因為山西太窮，山西人都抱著「致富在數萬里外」的夢想，喬致庸的爺爺喬貴發最早到蒙古包頭創業三十年，後來另起爐灶經營豆腐等生意，由於待人接物好，生意日益興隆，加蓋喬家大院，喬貴發兒子喬玄美生下了喬致庸，年輕中秀才，後來經商，家中金銀無以數計，為了光大門庭，繼續大興土木。喬家大院最早建於清乾隆年間，房間三百多間，六個大院，二十個小院，佈局宏大，座樓疊院，錯落有致，包括匠心獨運的磚雕、木雕以及吉祥物，花卉等精美工藝，最珍貴的是慈禧送喬家的「烏木九籠燈」。

山西博物館

五月十九參觀晉祠及山西博物館，建築宏偉的博物館，大廳是自然採光，很現代化，館內珍藏了四千件文物，包括文明搖籃的夏商蹤跡，晉國霸業，佛風遺韻，明清晉商，山川精英，翰林墨丹，青瓷等以及戰國時期出土的文物，北齊的壁畫，日昇昌票印章及貽笑後世的春秋盟誓——侯馬盟書等。特別吸引人的是館外環繞著十多個歷史文化浮雕石柱。

佛教勝地——五臺山

五月二十日清晨出發前往太原五臺山，車子奔馳在寬敞的高速公路，兩旁是一望無際的田園，穿過數個隧道後盤山而行，為了打發旅途寂寞，我們這群做爺爺奶奶的老天真們，在車上有說有笑，也有唱早期老歌：「綠島小夜曲」、「在那遙遠的地方」、「康定情歌」甚至「反攻、反攻、反攻大陸去」等歌，年輕的司機小王最愛聽的就是「當我們同在一起」，因為大陸不曾聽過，導遊小麗則不斷介紹山西風土人情，不知不覺到了太原，先參觀煤炭博物館，晚上在「山西人會客廳」邊用餐，邊欣賞表演節目；包括皮影戲、晉劇、山西拉麵舞特技表演，精采無比。來到山西幾乎每頓都有山西刀削麵，但「麵」簡寫成「面」實在太可怕了，有些字可簡，有些字不可簡，「麵」字絕不可簡寫成「面」，大大破壞了文字的意義。提到吃，還有一種別具風味的小窩窩頭包鵝肝碎牛肉，美味之至。

次日一早前往有著佛教名山之魁的五臺山，此山與四川峨嵋山、浙江普陀山、安徽九華山合稱佛教四大名山。五臺山有五峰聳立成平台。此處樹木不多，有「華北屋脊」之稱，五峰之內稱台內，五峰之外稱台外，其中以「顯通寺」最大，多為清朝修建，裡面的神像均以銅所製，並有重達萬斤的鐘樓一座，台外大小寺廟星羅棋布，所謂「此景只應天上有，豈知身在妙高峰」，顯通寺前後有七座大殿，佔地一百二十畝大小，殿堂四百餘間，院裡包括觀音殿、地藏王菩薩、大文殊殿、大雄寶殿、無量殿等，無量殿因為無樑又名無樑殿，香火鼎盛的是「觀音菩薩」，可以說是善男信女最崇拜的對象，至於文殊菩薩則是五臺山創始者，一臉慈悲，吸引不少蒙藏喇嘛信徒來此修行，據說康熙怕大清江山被別人奪去，曾來此參拜。由於此地寺廟太多，設有電動車接送遊客。在下榻的飯店內除了有賣紀念品、服飾外，居然還有書店，同時也有書畫展，我買了幅布袋和尚的畫，上書有隨心、隨意、隨緣的書法，是五臺山居士真如的作品，另購仿製的清明上河圖一卷以為紀念。

應縣木塔、懸空寺

五月二十一日清晨從五臺山經過恆山前往大同，行駛山路中遇到許多運煤的貨車，交通大受影響，走走停停中午抵達應縣、參觀有著九百年歷史的〔木塔〕，塔高六十七點三米，建於遼代。木塔內有佛宮寺、釋迦塔、無論狂風暴雨、強烈地震都屹立不動，它全靠斗拱、柱樑鑲嵌，穿插吻合而不用釘，吸引不少遊客，包括歐美人士。

此塔可以與法國艾菲爾鐵塔、義大利比薩斜塔並稱「世界三大奇塔」。其中塔內有明成祖朱棣和明武宗朱厚照二位皇帝御題「峻極神功」及「天下奇觀」以及飛天壁畫，絹帛彩印「釋迦說法相」等，木塔位於五台山和大同之雲岡石窟半途中，接著參觀位於北岳恆山十八景之一的「懸空寺」，該建築始於北魏（一千五百多年前）經唐、明、清不斷重修，凌空飛建於懸崖峭壁之上，上載危岩，下臨深谷，大有凌空欲飛之勢。難怪李白曾在此懸崖壁上題有〔壯觀〕二字，在登上懸空寺前必須經過一段十米左右長，搖搖晃晃的〔外婆吊橋〕，從橋這頭仰望遠處的「懸空寺」正如某詩人讚嘆「飛閣丹崖上，白雲幾度封」，明崇禎六年，旅行家徐霞客曾游懸空寺，並在《徐霞客遊記》中有生動的描寫；「西崖之半，層樓高懸，曲榭斜倚，望之如蜃吐重台者，懸空寺也。五台北壑，亦有懸空寺，擬此未能具體。仰之神飛，鼓勇獨登、入則樓閣高下，檻路屈曲，崖既矗削，為天下巨觀。而寺之點綴，兼能盡勝，依岩結構，而不為岩石累者僅此」。我們沿著溪水旁的山坡以及小石階，向懸空寺走去。

寺內大小殿閣四十餘間，充分利用力學原理，半插飛樑為基，巧借岩石暗托，樑柱上下一體，廊欄左右相連，曲折出奇，曾在電視上看過這崖壁絕作，但親臨此地感受完全不同。懸空寺的六座主殿閣之間都用木製樓梯相連。寺內塑像很多，但這些塑像的特殊之處，在懸空寺的三教殿內，儒、道、釋的三位代表人物：孔子、老子、釋迦牟尼的塑像共居一室，中國像這樣三教始祖同居一室，同享人間香火的情況，非常罕見。印象深刻的是笑臉迎人、明代鐵鑄的大肚彌勒佛像。

佛教藝術寶庫——雲岡石窟

五月二十二日在下榻的雲岡國際大酒店出發，約一個半小時的車程，抵達有著一千五百多年歷史的「雲岡石窟」，它與甘肅敦煌莫高窟、河南洛陽龍門石窟、甘肅天水麥積山石窟，並稱為中國四大石窟。而雲崗石窟與莫高窟、龍門石窟和重慶大足石刻則是中國境內被列入聯合國教科文組織世界文化遺產名錄的四座石窟。石窟依山而鑿，東西綿亙約一公里，氣勢恢弘，內容豐富。最早由一代高僧曇曜主持開鑿，被譽為「東亞佛教藝術的母胎」，現存主要洞窟五十三個，石雕像一千多龕，大小造像約五萬多，最大者達十七米，最小者僅幾厘米。窟中菩薩、力士、飛天形象生動活潑，塔柱上的雕刻精致細膩，第二十窟靠山雕鑿的大佛，高達十三點七米，造型雄偉，是雲岡石窟的代表作。因為是露天，可以拍照，至於窟內是不准拍照也無燈光，真是霧裡看花。此地因離北京不遠，遊客如織。離開石窟繼續前往參觀建於明代洪武年間的「九龍壁」。九龍壁是一種裝飾有九條大龍全是用五彩琉璃鑲砌而成的琉璃影壁（九龍倒影池中，栩栩如生），多為皇家所用。現存的琉璃九龍壁有四處，大同是其一。

次日一早，從大同飛北京，在北京舊地重遊一天。晚上與旅美同行者一一話別後，從北京直飛台北，此次山西深度旅遊，團員中有專門全程拍攝，希望不久可收到光碟，再度臥遊一番。

九十九年七月 展望雜誌

泳不服老

教書生涯四十年，如今終於離開講台，過著自己想過的日子，除了旅遊就是寫作，不是寫作就是旅遊。海闊天空，自由自在，力求在生活中產生動力、尋求樂趣。此外還有一項愛好，就是游泳。尤其在炎炎夏日，爬格子爬累了就去游泳，這是消暑最好的法子。自小隨雙親來台，由於父親工作的關係，我們住在靠海的東港，從那時起就在父親的陪同下在海邊游泳，望著汪洋大海，愛怎麼游就怎麼游，其樂無窮。後來遷到台北讀書，成家立業一甲子。從少女到祖母，但仍不忘游泳，今夏天氣特別酷熱，游泳次數也增加了。

某日，在大女兒家附近的游泳池游泳，竟巧遇一位九十高齡的老婦。在她面前，我突然變成七十歲小妹妹，起初她頭戴泳帽，在水中游來游去伸展自如，一點看不出年紀。

直至游罷她梳妝打扮，坐在入口處休息椅上，等她家人來接時，才發現原來是位頭髮斑白的老太太。「老太太已九十歲了」櫃檯小姐對我說。我睜大眼睛望著老太太說：「真了不起！難怪這麼年輕有活力」從談話中，得知老太太一個人獨居，兒孫住在附近。六十多歲開始學游泳，從不間斷，已游了三十年，問她養生之道時，她脫口而出：「隨便」真是好一個「隨便」。其實她一點也不隨便，還從隨身小包抽出一支棉花棒給我，後來從談話中知道她的「隨便」即「隨緣，諸事隨緣心自在」。

「除了游泳，您在家還做些什麼？」「總不能『閉關自守』，看看電視、看看『讀者文摘』、看看報……」老太太一口氣說。「八卦新聞也看嗎？」「當然啊！要知道八卦如何八法？」我哈哈大笑，突然想到她和我旅居美國洛杉磯九十八歲的大姑媽一樣幽默開朗。每次赴美探訪她時，早上和她說「good morning」她回以「morning good」。她常自得其樂的坐在公園的靠椅上，邊甩腿邊唱歌，在活動中心和朋友打麻將，不管輸贏都很開心。想到張大千曾有首打油詩：「九十古來稀，百歲笑瞇瞇」。

現在這位坐在我身邊的老太太也是懂得生活的人。她祖籍湖南，畢業於福湘教會女中。難怪喜歡看英文版的讀者文摘，由於家母是湖南長沙人，周南女中畢業，我算是半個湖南人，因此越談越投機。「周南女中很有名」她溫和地說。「是啊！在台灣有周南女中校友會，每年五月一日都在台北『天然臺』餐廳舉行。會長是馬英九母親秦厚修阿姨，校友中有位阿姨曾是中山醫院的名醫師。退休後每天晨泳，身體非常健朗，如今也八十多歲」。之後我們的話題又圍繞在「游泳」上，「我喜歡在海裡游，海中有負離子，有新陳代謝作用，可惜台北離海邊太遠」，她說：「不管在哪裡游，只要有游都是好的，而且要有恆心，人活著就是要動」，好一個「泳」不服老的老太太。

九十九年九月十七日　中華日報

嘉興尋根記

二〇一〇年九月九日我與外子殿魁在上海圖書館顧問蕭斌如女士及桐鄉市檔案局局長潘亞萍的陪同下來到了桐鄉的「烏鎮」。礙於當晚要趕赴嚮往已久的祖籍所在地——嘉興，雖在烏鎮只浮光掠影一天，卻飽覽江南美景，不忍離去。

烏鎮，到底是一個什麼地方呢？原來是紀念一位精忠報國的烏大將軍而得名。它臨河而建，是古色古香的水鄉澤國，也是中國最後的枕水人家，有著千年歷史。

烏鎮，東柵景區包括了老字號宏源泰染坊、三百酒作仿、江南木雕、印花藍布莊、折疊扇等，特別的是還有茅盾紀念館（茅盾故里）內藏有茅盾早期作品「林家鋪子」小說手稿。茅盾，本名沈雁冰，為近代名作家，曾參加五四運動，著名小說有「春蠶」、「子夜」、「茅盾文集」等，蕭斌如女士曾送我一本「塵封的記憶」——茅盾友朋手札，由上海圖書館中國文化名人手稿館編印。除了茅盾故里外，另有「立志書院」，院中陳列了「立志」橫匾及一座古老戲台。西柵景區則包括了許多仿明清建築的渡假酒店，無論是樑柱或窗檯，處處可見其精美的木雕或石刻；尤其是昭明書舍酒店，相當氣派典雅。昭明太子蕭統其師沈約定中文四聲，傳昭明太子所編昭明文選影響文壇甚大。我們穿過青石板的小街道，在水邊一家古老磚木瓦房中享受了一頓道地的桐鄉菜餚，其中的東坡肉美味至極，再啜飲著當地的黃酒，真是完美搭配；邊用餐邊望向窗外如詩般的湖水，突有一種偷得浮生半日閒的心情。稍晚，我們登上烏蓬船於小運河繞鎮遊行，船穿梭在拱橋下，邊喝著用毛豆炒過所泡的茶，微風拂面，令人陶醉在小橋流水人家中。

離開烏鎮後，驅車前往我思盼許久的嘉興。不可否認的我雖是在台灣成長，但置身在有著「魚米之鄉」、「絲綢之府」的的第一故鄉時，真印驗了古人所云「少小離家老大回，鄉音無改鬢毛衰」的情景。猶記千禧年時曾從上海到杭州，途經嘉興車站時，為解相思之饞，特買了五個嘉興粽子在車上與親人同享，一時香味四溢；此情此景恍如昨日，歷歷在目。我是出生在大後方的嘉興人，抗戰勝利後，曾隨父母來此探視我的太外婆與祖父。祖父溫文儒雅，執教嘉興中學，是書香世家的子弟；而當過南潯小學校長的祖母，不幸於抗日戰爭逃難時，遇日軍突襲去世，無緣拜見；她曾是革命先烈秋瑾的學生。歲月悠悠，如今隔了一甲子，我終於踏上了這塊兒時探訪過的故鄉，真是欣喜萬分、百感交集。記憶中的老家是靠在南湖的瓦房；打開窗戶，即可看到湖水。

嘉興有肥沃良田，遍地稻禾，所以又稱「禾城」，但是今天放眼望去高樓大廈林立，多了時髦現代味，少了懷舊故人情！和其他城市沒有兩樣。此行參訪嘉興檔案館屬重點行程，我們一行人依約前往，該館館長周軍及辦公室主任王佶等早已於門口等候，隨即至二樓接待室接受簡報並參觀位於地下室的檔案庫房，為避免檔案文件受潮，一年的除濕電費需花費五十萬人民幣，如此大手筆的維護，足見館方多麼重視這些自清朝以來，得來不易的寶貴文件。館內除了備有閱覽廳外還有檔案網站可供使用。嘉興檔案館位於海塩路，建築宏偉，於二〇〇四年五月遷入佔地十五畝的現址，與圖書館、博物館相連，北與南湖毗鄰，規模相當大。此次我們特捐贈了台灣藝文印書館創辦人嚴一萍先生的巨著，包括陸宣公年譜、續殷曆譜、殷商史紀、甲骨集成、中國文字（嚴一萍先生逝世周年紀念特刊）；嚴先生係浙江嘉興人，早期，他曾做過嘉興代理縣長，二十多年前長眠於美國，生前沒有機會返鄉探視，如今落葉歸根，將其著作回贈故鄉實為美事一樁、令人欣慰！嚴先生為甲骨文專家董作賓的學生，外子殿魁曾拜嚴先生為師。除了嚴先生的著作外，我這個嘉興女兒也捐了自己的作品，而身為嘉興女婿的殿魁則捐贈了康熙戊戌年版的「隸辨」乙套線裝八冊；之後，我又另捐贈陳立夫夫婦書畫乙冊（內附立公生前親筆簽名）、故宮早期複製的清明上河圖一卷與桐鄉市檔案局。當晚夜宿陽光大酒店，並由周館長設宴大啖嘉興的美味菜餚與黃酒，當然更少不了其特產「粽子」以及南湖「菱角」。

次日，暢遊南湖及煙雨樓。南湖坐北朝南又名鴛鴦湖，為浙江三大名湖之一，此處特別留有一艘一九二一年共黨一中會議時使用的船，內部陳設了當年的八仙桌椅、茶具等，但都是後來仿造的，稱「南湖紅船」。湖面四周綠柳垂堤，湖水湛藍澄澈，四周無近山，清風徐來，微波蕩漾；我們乘船至位於湖中的煙雨樓，煙雨樓名源自「南朝四百八十寺，多少樓台煙雨中」，建於五代時期，歷經興衰，以煙雨風光著稱。乾隆曾八度來訪，樓內有乾隆御碑名人墨寶「清輝堂」；此處古蹟於二〇〇四年全部重新修建，包括建於宋朝時的壕股古塔。

下午特參觀嘉興圖書館及博物館。圖書館最早建於光緒三十年（1904），後來重新修建為現代化建築物，我們參觀了二樓的古籍館，館內設有木質桌椅供人閱讀，桌上放了筆墨，營造出古色古香的氣氛。館內現代藏書也不少，包括名作家巴金的著作，巴金，嘉興人，曾為中國作協會長；其他尚有徐志摩、豐子愷等藏書；豐子愷（1898~1975）

係浙江桐鄉人，留學日本，是名集漫畫家、文學家、書法家於一身的學者，曾受業於李叔同，做過上海中國畫院院長，作品有「子愷漫畫全集」、「苦悶的象徵」、「初戀」等。我則在書屋買了嘉興藏書史乙冊。博物館於二〇〇三年十月落成，佔地四十畝，包括庫房區、展覽區、辦公區和服務區。展覽區包括嘉興的史前文化、嘉興塔藏文物展、運河我們的母親河、嘉興民俗文物藏品展、佛國眾生。嘉興的史前文化源自五千多年前的馬家濱文化，涵蓋玉器、獸面、陶器……等。中共「一大」曾在南湖會議廳舉行，所以還有些著長袍與會者的腊像展示；館中最吸引我的是一幅彩繪木雕觀音像，樣貌安祥、自在。

稍晚前往三水灣牡丹坊，拜訪素未謀面堂姑媽－鄭學珍女士，她是我父親的堂姐，她的兒子向前在門口等候我們的到來，打了照面後隨即上樓拜見姑媽。原本躺在床上，年事已高的姑媽見到我們，興奮地勉強撐起病體坐在床上並摟著：「真高興見到妳，歡迎、歡迎……」淚水奪眶而出！屋內無冷氣，僅一小電扇轉啊轉啊的吹著，我因情緒激動汗流夾背，殿魁、及向明表弟則佇立一旁默默見證這歷史的一刻；向明端出月餅、葡萄等點心水果：「這是單位送來月餅，我們提前過中秋吧！」頗有月圓人團圓的意境呢！我送了老人家一本增訂版的「鄭向恒隨筆」做紀念，姑媽笑說要拿放大鏡才看得清楚。

相談之下知悉她已九十二高齡，也是位教書匠，還教過目前旅居舊金山的表哥慶餘的國文，慶餘表哥目前已是七十五歲的老叟了。珍姑父向克強先生浙大外交系畢業，執教嘉興重點學校--嘉興一中，為特級教員，不幸於二〇〇五年辭世，當時有許多高級領導，均前來參加追悼會，儀式壯嚴隆重。珍姑媽還拿出記事本向我詢問美、台親友的近況；我告訴她下午參訪圖書館、博物館，她感慨地說：「那裡原來正是妳爺爺住的地方，靠南湖打開窗戶可望波光粼粼湖水，後來老房子拆掉改建成公園」。往事不勝唏噓，真所謂「人事有代謝，往來成古今」！

該是告別的時候，臨情依依，離去時向明表弟特送一盒「五芳齋」真空裝的嘉興粽子，我將它帶回台灣與兒孫分享，還帶回濃濃的思鄉情。

一百年一月 展望雜誌

紹興散墨

提到紹興，一般人印象所及，就是著名的「紹興酒」、「梅乾菜扣肉」，殊不知它是春秋時代越國都城，兼具「千年古城、文化名城、江南水城」等三大特色，是個沒有圍牆的博物館，包括大禹陵、沈園、蔡元培故居、秋瑾故里、魯迅故里……等；唐代詩人李白、杜甫、白居易、孟浩然等都曾來此一遊，並留下許多美好詩篇。此次大陸行，由上海至烏鎮、嘉興，九月十一日我們在前往寧波之前，特地來紹興一遊。由於時間匆匆，只遊覽了魯迅故里及書聖之地－蘭亭，雖為走馬看花，卻也留下深刻印象。

魯迅故里見聞

魯迅，生於一八八一年，卒於一九三六年，是我國現代文學家，曾投身五四運動。

十二歲時就讀三味書屋，博聞強記、勤學好問；著有「吶喊」、「徬徨」、「阿Q正傳」等知名著作。

一早在老學生吳聲誠的陪同下，我們一行五人（我與夫婿，殿臣弟及長華夫婦）從嘉興出發，直至近午才抵達紹興，在繁華的市區繞了一圈後，來到「咸亨大酒店」用餐，享受了一頓道地的紹興佳餚及口感醇厚紹興黃酒。黃酒以優質糯米為原料，口口溫順，餘韻特別；紹興是全國黃酒生產及出口基地。至於「咸亨」二字，出自魯迅的堂叔周仲翔於清光緒廿年，在紹興城內的都昌坊口，開設一家小酒店，名叫「咸亨酒店」而成名。而「咸亨」則出於易經坤卦「含弘光大、眾物咸亨」寓意酒店興隆、萬事亨通。這家建築宏偉氣派的「咸亨大酒店」於一九八一年魯迅百歲紀念時老店新開，一九九一年後借著老字號的品牌影響力、經營特色，於北京、上海、蘇州、南昌、天津等地共有三十多家連鎖店。住在老字號酒店一晚要價七百元左右，屬於高檔等級，由此可看出內地的經濟逐年攀升向上的同時，物價也跟著亦步亦趨。

順便一提這位老學生，他是在三十多年前外子於文化大學中文系的高材生，高中國文老師退休後，即前往內地加入由同班同學謝先生所創立的建設公司任職，棄文從商，開啟事業第二春，此次受學生們全程的熱情照顧與款待實為感動，師生他鄉相遇，分外高興！

魯迅故里是於二〇〇四年五月仿老房子重建而成，街道具江南風情味。一條窄窄的青石板路，兩邊卻是一排排粉牆黛瓦的傳統民間房舍，除了中華老字號的「咸亨酒店」外，尚有許多紀念品專賣店、餐飲店等；一條小河從魯迅故居門前流過，河流上的烏蓬船搖搖晃晃，令人連想到魯迅作品中的些許場景。此處含概了魯迅故居、祖房、百草園、三味書屋、展示廳等，該紀念館成立於一九五三年一月，是浙江最早建立具紀念性人物的博物館。

在魯迅故居庭院內，有一座魯迅的青銅像，相貌和藹可親，故居內也展示了魯迅的臥室、書房及書信手稿。見到其手稿，使我想起三十多前我與夫婿遊學法國時，曾得到了一套當時尚屬特殊印製的「魯迅手稿」，回國後經郵寄方式輾轉取得。台大教授臺靜農係魯迅學生，曾好奇前來寒舍翻閱；後來曾複印一份捐給中央圖書館。

故居大廳內題有「德壽堂」匾額，匾下有「松鶴圖」，兩旁掛對聯一幅：「品節詳明德性堅定」「事理通達心氣和平」；柱上有楹聯二幅：「虛能引和靜能生悟、仰以察古俯以觀今」「持其志無暴其氣、敏於事而慎於言」。句句意喻深奧、頗發省思。

「三味書屋」則是魯迅十二歲時所就讀的私塾，所謂三味：讀經味如稻粱、讀史味如肴饌、讀諸子百家味如醯醢。三味書屋的匾額下，掛有「松鹿圖」，學生每天上學必向匾額及松鹿圖行禮；魯迅讀書的書桌上刻一「早」字，是怕上學遲到，用以自勉。

蘭亭風雅記事

離開魯迅故里隨即前往位於紹興西南面的「蘭亭」參訪，車程約一小時，這是我嚮往許久的行程之一。提到蘭亭，就會想到東晉大書法家王羲之的「蘭亭集序」。二〇〇八年十一月本人參加在北京舉行的「徐霞客研究會」時，曾參觀了中華世紀壇的中華四十位名人塑像，其中即包括有書聖之稱的王羲之，望其塑像，情不自禁地背誦起：「永和九年，歲在癸丑，暮春之初……」的蘭亭集序，期望有一天能到蘭亭，親身體驗一番，如今如願以償。

蘭亭，依山傍水，茂林修竹，遊客稀少，穿行在幽靜樸實的園林內，實能感受一股淡淡的風雅氣息，順手摘了一小片竹葉，夾在筆記本中做為紀念。

蘭亭之所以取名蘭亭，源自春秋吳王勾踐植蘭於此，漢代時建有驛亭，因而得名。御碑亭的「蘭亭」二字出於康熙御筆，後經無數遊客撫摸如今已遭磨損。御碑正面刻有康熙御筆書「蘭亭集序」全文，字體秀美遒勁，我對著碑文朗誦著：「……是日也，天朗氣清，惠風和暢，仰觀宇宙之大，俯察品類之盛……」真是百讀不厭的經典之作。御碑背面為「蘭亭即事詩」，書法瀟灑飄逸，表達了乾隆皇帝對蘭亭仰慕之情，其詩曰：「向慕山陰鏡裏行，清遊得勝愜平生。風華自昔稱佳地，觴詠於今紀盛名。竹重春煙偏澹蕩，花遲褉日尚敷榮。臨池留得龍跳法，聚訟千秋不易評」，此詩為乾隆皇帝一七五一年遊蘭亭時所題。

蘭亭附近有一清徹見底的鵝池，有白鵝數十隻在戲水，據說王羲之喜歡白鵝，池旁碑亭內碑上有「鵞池」二字，出於王羲之和王獻之父子之手。鵞碑左方有一條曲折蜿蜒的蛇形小溪，原來這就是一千七百年前所謂的曲水流觴所在地，原跡已破壞。此曲水係後來仿造的，遙想當年王羲之曾在此邀集文人雅士，會於會稽山陰之蘭亭以修褉事，在此飲酒賦詩，多麼有雅興。

在蘭亭紀念品店，特購得一本線裝「千古蘭亭序」乙本，內集有歷代各著名書法家所摹寫的譔蘭亭序，包括唐歐陽詢、褚逐良、宋仁宗、清鄭板橋……等。我想將此做為傳家寶之一，也為此次紹興之旅，劃下美好句點。

九十九年十二月 展望雜誌

花博、世博中的美好世界

去年十月，盛大的上海世博結束後，輪到台北發光發熱的花博接棒登場。籌劃多年交織了花卉、文藝、科技、環保多元題材的台北花博，自開館以來，每天擁入大批中外民眾爭相排隊觀賞，氣氛始終熱鬧滾滾、話題不斷；截至三月中入園人數已突破六百萬人次，花博營運總部，樂觀表示，四月廿五日閉幕當天總參觀人次將可破當初預估的八百萬人次。

園裡每天安排許多室內外精采活動，今年二月份統計參觀人數已破五百萬人時，本土歌星伍佰在現場高唱「愛你一萬年」，真是餘音繞樑，使我想起世博閉幕時港星劉德華也唱了同樣的一首歌；不管世博還是花博，辦展性質不同，目的卻一樣，都在追求、營造「同一個世界，同一個夢想」的美好世界，這大概就是所謂「和而不同」、「敬其所異，愛其所同」的大同世界吧！而所謂大同即是大致相同，無法完全相同。

去年十一月，一個天朗氣清的上午，我漫步在位於圓山公園百藝廣場的花海區，放眼望去各國花卉爭奇鬥艷，盈盈純純的蝴蝶蘭、圓圓厚厚的鬱金香、大大方方的百合、薰薰灼灼玫瑰、粉粉嫩嫩的櫻花、嬌嬌羞羞的杏花以及長得一球球紅咚咚的長壽花……著實令人陶醉萬分；每朵花都在寧靜中，展現出無窮的生命力。我非園藝專家，所識花卉有限，但置身萬紫千紅、燦爛奪目的花花世界，人的心情都變得輕盈美麗。空氣中飄散著清清淡淡的花香，我邊走邊想著美麗的花博，是否可把寶島台灣打扮成東方的瑞士？我曾拜訪過這如童話世界般的瑞士，家家戶戶，無論是窗台、院子到處種了許多五顏六色的小花，街道上一叢叢的綠樹，散發著安祥、和平、愛與生命；愛從美生，美也從愛而生。

想著想著我在花圃中不禁低吟著「梅花梅花滿天下，愈冷它愈開花……梅花堅忍象徵我們，巍巍的大中華」，真是「不經一番寒澈骨，焉知梅花撲鼻香」！在所有與花有關的歌曲中，最令我百唱不厭的是「茉莉花」。民國五十三年，我剛從大學畢業參加赴非文化訪問團，一百天的行程訪問了十五個國家，第一站就是利比亞，我在團中擔任古箏、琵琶演奏，訪問團除演奏國樂外，尚有舞蹈、平劇及合唱；合唱曲中的「茉莉花」、「高山青」，獲得非洲人的喝采。無論北京的奧運、上海的世博，好像也都演唱過「茉莉花」這首中國民謠，可見它所受到的歡迎。

去年九月，特到上海參觀世博，印象最深的是那翹起大姆指的「海寶」世博標誌，那寓意歡迎世界各地友人的「四海之寶」，據說是出自台灣設計師巫永堅之手，海寶的藍色，充滿包容力和想像力，它是由漢字的「人」做核心，而人字互相支撐的結構，也象徵全世界人類要相互支撐，城市才會更美好。二〇〇八年北京奧運標誌，不也是一個舞動著勝利的人型「京」字，蘊涵著人向前奔跑的模樣；當時的主題曲中「我和你，心連心，同住地球村……永遠一家人」在在都充滿著愛地球、愛滿人間的氛圍，而目前正在台北展出的花博，更是呈現出超凡、脫俗的韻味，當你佇立在捷運月台上看到「響應低碳花博，請搭乘捷運，讓你看到美麗的力量」的廣告時，內心會自然而然發出感動的喜悅；對照到世博會場內載送遊客的電動車，一樣都發揮了愛護地球的環保意識。

提到環保，我曾看到花博圓山區的東方流行館（遠東環生方舟），它以竹為主體，搭配回收再生鋼架以及一百五十萬個寶特瓶所建的三層水晶建築。全館使用 LED 省電燈，突顯出一股優雅輕靈、如夢如幻的效果。使我聯想到世博中各主題館幾乎都以環保為主軸；如歐洲區最熱門的西班牙館是以藤條、籃子搭建外型的展館，館內以熱情奔放、節奏明快的佛朗明哥歌舞劇，展現屬於人類的力與美，在出館前更可以看見一個超級可愛的巨型機器人——小米寶寶，他會轉動的眼睛總是引人發出驚呼聲，面帶微笑的臉蛋，令人有返老還童之感。另一座由屬於綠色建材的透光混凝土所建的義大利館，是與台灣合建的，其外觀材質白天具透光性，可節省光源，到了夜晚則增添溫暖的氣氛，展館內容豐富，除了得天獨厚的藝術資源和設計美學，迷倒所有參觀者外，對身為天主教徒的我而言，其古羅馬建築及教宗等為世人祈福的資料畫面，令人感動；中國館造型如古代的紅色冠帽，以中華智慧為主題，展現「東方之冠、鼎盛中華、天下糧倉、富庶百姓」的中華文化精神；尤其將著名的清明上河圖以多媒體的方式，呈現在長128公尺、高6.5公尺的巨大螢幕上，結合先進技術賦予靜態畫面新生命，使圖中人物都動了起來，讓人享受一場宋代文化的繁華盛世饗宴；畫卷下方有一條河，潺潺流過展現了中華民族的人文精神與發展。張藝謀的桂林「映象劉三姐」利用了陽朔山水背景與少數民族的水上舞蹈，完美詮釋出人與大自然的和諧境界，近年來深受世界各地觀光客的讚嘆。

在參觀中國館時不時發現「和」這個字的不斷地被突顯出來，如「改革開放三十年」的影片中有和諧中國的「和」字，在「城市足跡館」中介紹中國城市起源於黃河流域時，也出現巨大的「和」字。世博會中，放眼望去人潮洶湧，卻儘量做到亂中有序的水準，不失「和」字的重要。大陸去年十月評選出「一百個最具中華文化意義的漢字」，其中「和」字再度被選為「最中國」的漢字。

中華民族是愛好和平的民族，唯有以「仁愛」為中心的儒家思想，才可以化干戈為玉帛，使人遠離戰爭，唯有以「和諧」的中華思想，方可救世界。「和」字就是融合團結、合作，是目前促進兩岸及全球世界大同最重要的一個字；無論花博、世博雖規模不同、人次不同、經費不同，但目的都在提昇人們的環保意識和未來的生活品質。期盼兩岸籍由彼此展館的經驗互相交流，感受到開放包容、文明和諧的社會，以「和」為貴，共同建立一個新的禮儀之邦的文化中國，與全球各國，共同創造無限精彩的美好世界。

一百年七月三十一日 四海一家

菜市場的口琴手

我們總是聽到「學鋼琴的小孩不會學壞！」同樣地，「吹口琴的小孩也不會學壞！」

民國百年，某個風和日麗的早上，我漫步在住家附近的菜市場裡，意外聽到一股悠揚的樂聲，順著來聲，意外見到一位年輕的小伙子，正聚精會神地在熙熙攘攘的人群中吹奏一首「長亭外，古道邊，芳草碧連天……」。這是我自小就耳熟能詳且會哼唱的曲子，一幌已是一甲子的往事，如今居然在菜市場裡聽到這首古老又幽雅的曲子，真是令人感動萬分。我走上前去拍拍小帥哥的肩膀：「太好了，你讀什麼學校？」他把口琴移開，答：「讀高職，為賺學費來打工……」我低頭一看他的腳前放了一個盒子，裡面豎著一個「打工賺學費」的牌子；「你吹得真好！」為了鼓勵他，我隨即拿了張五佰元塞在他口袋並囑附他：「會吹琴也要會唸書啊！你怎麼知道這首曲子？」「聽來的。」接著我告訴他：「這是民國初年李叔同所作的「送別」。李叔同早年留學日本是有名的藝術家，但後來出家當了和尚，法號弘一法師，他和我的爺爺輩互有往來。現今在西湖設有李叔同文物展覽室」；我怕說太多耽誤他的時間，臨走時建議他，有空上網看看有關李叔同的資料，他望著我靦腆地說聲：「謝謝阿姨」，我又拍拍他的肩：「你最好選在有人欣賞的地方演奏，如西門町或中正紀念堂廣場，菜市場地方小人又擠，大家都忙著買菜、買肉，哪有閒情停下腳步欣賞呢？」過兩天，再去市場時已不見他的出現，想想他的年紀和我的外孫相仿；卻願意犧牲假日時間，為自已的未來與生活打拚，真是令人欣慰！

因為這首「送別」使我想起早期有許多耐人尋味的好歌，其中劉半農的「叫我如何不想她」更是令人回味無窮；記得剛來台灣讀小學時，就常聽父母哼唱著這首曲子：「天上飄著些微雲，地上吹著些微風……西邊還有些殘霞，教我如何不想他」前年赴江陰開徐霞客會議時特別參觀了劉氏故居，庭院內的石碑上刻了「教我如何不想她」的詞，惜未將趙元任譜的曲放在一起；趙元任具有語言天賦，也懂中國樂譜樂調，是近代音樂先驅，他和劉半農合作的這首膾炙人口的名曲，在抗戰前夕，於百代公司灌製唱片，後來由留學義大利的聲樂家斯義桂在台灣舉行演唱會時，以這首曲子為主而轟動一時，可惜現代年輕人只對當紅歌星著迷，似乎只有老一輩的人才懂得。我曾託人在中廣調出當年斯義桂的原唱帶並轉成光碟寄至江陰劉氏故居做為紀念；劉半農的哥哥劉天華也是民族音樂家，擅長二胡。

菜市場吹口琴的小伙子，讓我想起二〇〇一年前往紐約探望臥病在床的母親時，某日搭乘地鐵，在往電扶梯入口的月台附近，傳來一曲胡琴聲，奏的是「二泉映月」我直奔向前，佇足聆聽，感動的熱淚盈眶！能在異鄉，聽得到來自中國的音樂，是多麼不容易的事啊，尤其是在紐約這大都會，聽到的大多是小提琴、手風琴、豎笛……等；近來中國人大量遷徙西方國度，各行各業競爭相對激烈，為求生存，若有一技在身，還得需要放下身段在街頭獻藝謀生，雖已是十年前的往事，但那演奏二胡的中年男子卻時常仍縈迴腦際，身穿儉樸衣著，一遍又一遍地拉著盲人阿炳（本名華彥鈞）所演奏的「二泉映月」。這首融合大自然泉水和月光的曲調，旋律優美，餘韻繚繞，我陶醉在其中，卻錯過多班地鐵，真想告訴他，若是能再來一首已譯成各國語言的民謠「茉莉花」一定更受歡迎！

建國百年，文建會已有一系列的慶祝活動，不知有否將民國初年或早期音樂家的作品做為紀念活動之一，我想將會引起更多的共鳴。

一百年五月十八日　中華日報

原來這麼近

夏日炎炎，又到了游泳的季節。記得去夏遇到一位九十高齡的老婦，我們從萍水相逢的點頭之交，幾次相談之下，竟成了忘年之交；她和我母親同年，又都是湖南籍，自退休後開始游泳，不曾間斷，我們大談游泳的好處，還將此難得相遇的經驗書寫一篇「泳不服老」的文章並刊登在中華副刊上。

今夏，在新開幕的文山運動中心泳池畔，又巧遇一位來自台東卑南族的原住民阿嬤，帶給我另一種不同的情誼，真是所謂有緣千里來相會、良辰美景要珍惜。那天，游泳的人不多，稀稀疏疏的泳客，自由自在地在水裡游來游去，當靠在池邊休息喘氣時，我和這位老阿嬤就自然而然地聊了起來；原來阿嬤已八十多歲，十七歲到屏東謀職，嫁給了一位軍人，後來她的先生官拜將軍退休，兒女均已成家立業。聊著聊著，這位天真的阿嬤居然手舞足蹈地唱起原住民歌謠，模樣快樂似神仙。

所謂健康之道，就是要在生活中尋找樂趣，為自己找到最合宜的活動，無論是唱歌、跳舞或游泳，這些都是舒解壓力的高招。

我望著她黝黑的臉孔問：「你會唱高山青嗎」她露出潔白的牙齒，笑咪咪地回答：「當然」接著就聽到高昂清澈的歌聲：「阿里山的姑娘美如水啊，阿里山的少年壯如山啊～～～」她邊唱還邊伸展雙臂左右揮動著，池水也隨之晃動起來！同樣是祖母級的我，雙手也一起跟著打拍子，嘴裡也跟著一起哼唱……「你們卑南族出了位有名的歌星─阿妹，她的歌令人百聽不厭」，她反問我：「妳會唱原住民的歌嗎」「我是台灣長大的浙江人」接著我也秀了一首：「山青水明悠靜靜，湖面飄來風一陣啊……」及「好一朵美麗的茉莉花……」我們倆就這麼妳一首，我一首地交流著……我們好似返老還童般的開心！沒想到泡在涼涼的泳池裡也能感受到暖暖的跨族情誼，原來我們之間的距離是這麼的近；每每遇到此況，我都禁不住想起那句老話：「天涯若比鄰」！

一百年七月　中華日報

走向世界屋脊——青藏高原

去過青藏高原的人大都說：「除了美麗還是美麗」。

今年八月初有幸在台大教授張麟徵推荐下參加了「世界屋脊——青藏高原」之旅，真是不虛此行！那雪山、那高原、那聖湖，深留腦海，揮之不去，招之又來；潦作短文，以為紀念。

成都到西寧

八月五日清晨我們一行退休老人團（包括前外交部長程建人、前外交部次長杜筑生以及前駐教廷大使戴瑞明等），二十人在領隊小曾的帶領下，從成都飛往西寧，隨即前往遊覽世界最大的鹹水湖——青海湖。二〇〇六年曾和外子遊絲路時，於回程途中初訪於此，事隔五年再訪，唯一不同是湖邊矗立了一座文成公主立像和二〇〇八年北京奧運之福娃標誌，較前次參訪時多了些宣傳味兒。早在唐太宗時，文成公主下嫁西藏，在促進漢藏文化交流上功不可沒，但似乎沒必要在山明水秀的高山湖旁塑立一尊塑像吧？為美麗風光扣分不少。回頭再望望湛藍的青海湖，純淨無瑕，為何不叫「藍海湖」？莫非是因青出於藍而更勝於藍的典故吧！

它像一座巨大的玉盤嵌在高山中，湖面海拔三千多公尺，山脈起伏壯觀，藍天倒映在湖中，水天一色，如夢如幻，美不勝收；湖邊一望無際的綠油油草原，交雜著一叢叢黃澄澄的油菜花，偶見稀稀落落的遊牧帳篷錯落其中，牛羊自在享用大自然的美味，真是如詩如畫。回程車上望著此情，我不自禁地唱起：「青海的草原，一眼看不完，喜馬拉亞山，峰峰相連到天邊……千秋萬世，直到永遠」，程大使私下對我說：「好感動啊」。

次日，上午參觀黃教聖地——塔爾寺，我則因難得機會訪拜外子殿魁的弟弟殿元夫婦，故未隨隊而行。二〇〇六年曾於絲路旅遊中，和殿元夫婦晤面，相隔五年再次見到，深感可貴；殿元弟早年由上海下放於青海，在此落地生根四十多年，歷經風霜。七十六歲的他也和外子一樣從小耳濡目染對戲曲有興趣，目前仍在老人大學教授京劇，雖物資匱乏，但精神生活卻是豐盛的。他送了二瓶當地的「青稞酒」，當晚獻出一瓶供大夥共享，其味濃烈獨特，猶如青海般令人回味再三。

六百年歷史的大清真寺

八月六日下午歸隊，參訪大清真寺。來到西寧一定得參訪這座金碧煇煌、肅靜宏偉的回教聖地——大清真寺。它建於北宋時期，重建於明太祖時，是目前西北地區最大的清真寺之一；寺院座西朝東，非常寬敞，到處是雕樑畫棟，兼具中國古典和塞外民風的建築特點，可容納一萬多伊斯蘭教徒做禮拜。

青藏鐵路快意行

八月六日晚餐後，我們於西寧搭乘為時一夜一日的青藏鐵路之旅，這可謂是此行的重頭戲之一。青藏鐵路車箱有四人一間的軟臥舖，也有普通座的車箱；因愈走緯度愈高，因此車箱內均設有氧氣筒。經過一夜奔馳，次日醒來，隔著甬道玻璃窗向外望去，盡是藍天白雲與覆蓋白雪的山頭、一座座高低疊錯的高山牧場和鏡面般的湖水，彷彿人間天堂，令人精神為之一振。兩岸開放後，我曾踏遍大江南北，或開會或旅遊；四川峨眉山、長江三峽、昆明石林、北戴河、西湖、武夷山、張家界、烏魯木齊、陽朔、黃果樹瀑布、壺口瀑布、內蒙大草原……等地。但這次的青藏鐵路之行，真是令人留下前所未有的印象，真所謂百聞不如一見，見了才知人外有人，天外有天！美景瞬時擦身而過，雙眼目不暇給，惜好景一去不回，正是「世事無常如雲煙，此時此刻剎那間，是非成敗皆虛幻，無怨無悔天地寬。」此時的心胸是開闊的，我低吟著：「天地悠悠，過客匆匆，潮起又潮落，恩恩怨怨，生死白頭，幾人能看透，紅塵啊滾滾，癡癡啊情深，聚散終有時，……何不瀟灑走一回」；過草原時我又哼著：「天蒼蒼，野茫茫，風吹草低見牛羊……」「跑馬溜溜的山上 一朵溜溜的雲喲，端端溜溜的照在，康定溜溜的城喲，月亮彎彎，康定溜溜的城喲……」此時此刻頭腦特別清楚，所有相關的歌曲，全湧上心頭。

青藏鐵路又名「天路」，除了夜間經過青海湖、日月山，白天則經過崑崙山、可可西里以及海拔五千多公尺的唐古拉山及長江源頭，此處有全球海拔最高的風火山隧道；沿途美景，筆墨難書，尤其是冰川在陽光照射下燦爛奪目，望向藏北藏南分水嶺的唐古喇山脈時，更顯大自然的偉大與奇妙。西藏，北與新疆毗鄰，東連四川，區內山巒起伏，地勢多變，且海拔平均四千多公尺，為因應高山症的不適，車上有醫療人員隨行，以備不時之需。

餐車內簡單乾淨，規定垃圾不可往外擲，須集中在垃圾袋中，以保環境清潔。中飯後，客人紛紛離去，我為欣賞風景及拍照，點了杯酸奶酪，消磨了大半天（惜無咖啡販售）。經過普通車箱時，偶遇來自四川、湖北、溫州等地遊客，相談之下，得知大都是退休老師，加上我小時讀過空軍子弟學校，會些四川話，因此聊了起來，十分投緣，從他們口中得知，若要避免高山症，說話及走路要慢、少吃多餐；真是「海內存知己，天涯若比鄰」。在普通車箱中，令人最難忘的是四人座的祖孫三代藏胞，黝黑的年輕爸爸，配以高挺的鼻樑；爺爺則露出滿嘴金牙抱著雙頰紅咚咚的小孫子，情不自禁和他們合影，以為紀念。

傍晚時分，回到我的軟臥鋪，此時窗外正經過錯那湖，湖邊還有三五成群的羊群；稍晚抵達海拔三千六百公尺聖城——拉薩。

拉薩到林芝游雅魯藏布江

八月八日清晨，坐遊覽車前往東南面的林芝，一路飽覽川藏公路風光，途經海拔五千公尺的米拉山口及尼洋河等風景區，午餐後抵雅魯藏布江，中段有一巨石刻有「中流砥柱」，經水勢沖擊後激起萬花千浪，並順勢向南方流去，如長卷山水畫般。之後來到藏胞新社區參觀，社區大都是兩層樓，庭院種有花草，如世外桃源；我們接受藏族人家的款待，飲小酒，佐當地特產。據說許多社區新舍是由內地福建深圳等地所捐建，目前西藏有句口號：「只求安定，不求發展」，但願還是要「適度」的發展，身處好山好水中，「廁所」還是要再改進些，別壞了旅遊的好心情，夜宿林芝。

次晨，參觀林芝最大的巨柏樹，林芝依山傍水，位於巴結鄉的巨柏自然保護區，是一片極其珍貴的喜馬拉雅山的巨柏樹林區，其中一棵高四十六米的巨柏，有二千年歷史，稱「神樹」，要十二個人才可環抱起樹幹，甚為壯觀。接著前往魯朗林海風景區，這是大陸面積最大的林區之一，放眼望去盡是綠水和青山，在此還可遠眺世界第十五高峰「南迦巴瓦峰」，雪山，在此與繞山而行的雅魯藏布江造成天下第一奇觀。午餐後，前往碼頭乘快艇穿越尼洋河及雅魯藏布江（雅江）抵達世界最大、最深的雅江大峽谷的入口處——派鄉。在快艇上欣賞雅江的洶湧與壯闊，真是心曠神怡；雅江發源於阿里境，是世界海拔最高的大河，它自青藏高原的雪山冰峰間流出一條銀白色巨龍，在世界屋脊的南部奔騰不息，孕育出源遠流長的藏族文化，由於河源區，多為冰川雪峰，江面上不時冉冉升起雲霧，更增添神祕色彩，舉目仰望天空，清澈白淨，海江一色。雅江，是西藏各民族的母親河，平均海拔三千公尺，是世界最長最深的江水，全長五千多公里，一直流向印度，被譽為「極地天河」，又稱「雲中天堂」。

小瑞士──巴松措

八月十日，整天的行程，都在有著日光城之稱的「拉薩」遊覽，在此著名的名勝古蹟都沿河而建，如布達拉宮、大昭寺、八廓街、羅布卡本等，拉薩河是神聖的，是遙遠的，河畔樹木都是金黃色，十分夢幻：拉薩是西藏政教、文化、經濟的中心，也是喇嘛教的聖地。

布達拉宮是梵語，又名陀螺，它已有千餘年歷史，迄今仍香火鼎盛，朝聖者絡繹不絕，要事先預訂門票限制人數，排隊入內。布達拉宮，座落在拉薩市區西北的瑪布山（又稱紅山）上，是藏王松贊干布為遠嫁西藏唐朝文成公主所建，海拔三千七百多公尺，像是建在天上而不是地面上；宮體主樓十三層，高一百一十五公尺，全部皆為石木結構，包括九九九間宮宇，它分紅宮和白宮。紅宮主體建築是靈塔和各類佛堂，內包括佛像以及講述佛經故事的壁畫、唐卡及珍奇異寶，當然還少不了一些當年文成公主進藏、達賴進京覲見順治、光緒等歷史題材。靈塔內以五世達賴靈塔最壯觀，金黃色包裝外鑲寶石，僅此靈塔即花費十一萬兩黃金，令人不可思議；白宮則是歷代達賴起居及處理行政事務的場所，是歷代達賴的冬宮，是藝術殿堂，也是西藏地方統治者政教合一的統治中心。

在參觀布達拉宮時，見程大使雙手合十虔誠膜拜，後來得知他曾見過現任達賴三次。

第六層主樓前，有用廊屋圍成的大廣場，可俯視附近的大昭寺；中午逛八廓街，這是朝聖者的轉經路，它集宗教、觀光、民俗於一身，此地有許多紀念品攤販及藏族小吃。粑粑是此地居民的主食，它由青稞磨粉炒熟後加入酥油調拌而成，惜一般遊客吃不慣；中午在一家尼泊爾餐廳享用西餐，其中一道披薩，味美深獲好評。下午參觀位於拉薩市東南部的大昭寺，它是西藏最重要的寺廟，也是拉薩人生活中心，又名祖拉康（佛語）；是座仿唐式結合漢藏特色的木造建築物，在五世達賴（1642~1682）執政時曾進行了大規模的修建，每年有成千上萬的各地教徒從千里之外三步一叩首地來到大昭寺以朝拜釋迦牟尼、彌勒佛，祈求降福，寺外滿佈酥油燈以及轉經輪。香火裊裊，唸經聲不絕於耳。大昭寺始建於唐貞觀二十一年（647），同樣是藏王松贊干布為紀念文成公主入藏而建，是藏傳佛教最神聖的寺廟，內有一尊巨大的釋迦牟尼佛像，是由大唐所造，當年隨文成公主一併入藏，係漢、藏文化交流的最佳見證。

西藏第二大城「日喀則」

八月十一日清晨，經青藏公路南下前往西藏第二大城「日喀則」，途經產魚的羊卓湖，它和納木措湖、雍措湖並稱西藏三大聖湖，與雅江相通，如散開的紙扇，由此西向東南延伸；它也是喜馬拉亞山北麓最大內陸湖泊，湖光山色，美得令人心醉。過一隧道，映入眼簾的是美麗的草原及油菜花田，此時大夥下車「輕鬆」一下，對我們這些團員來說，在如詩畫般的景色裡「方便」（唱歌）真是難忘的經驗。中午抵達海拔四千九百五十公尺的干巴拉山湖，之後在一家川菜館用饍，用餐之際，有位年輕藏族青年奏樂唱歌娛樂大家，我也跟著隨之起舞，忘情投入，戴大使見我如此盡興，還好心提醒海拔高，別太興奮，真是不知老之已至……讓他擔心了。

下午參觀位於江孜的白居寺，這是藏傳佛教寺廟群唯一一座一寺容三派（薩迦、葛當、格魯）合一寺廟，寺內有十萬佛塔的菩提塔，它是由近百間佛堂依次重疊建起來的塔，人稱「塔中有塔」；塔內佛堂以及壁畫總計十萬個，令人嘆為觀止，為保持珍貴文物，不能用手電筒，但可付二十元拍照（不能用閃光），在白居寺頂的圍牆，可遙望當年抵抗英軍侵略的宗山砲台。人的相遇是很奇妙的，正在欣賞之際，竟有人喊了我的名字，原來是上海圖書館的副館長王世偉先生，真是他鄉遇故知，格外親切，閒聊之下，得知他目前任上海社科院信息研究所所長。

日喀則是西藏第二大城，位雅江上游，土地遼闊，有江孜草原、有高海拔冰雪，晚宿日喀則。次日從此出發前往扎什倫布寺，它是後藏地區最大的格魯派（黃教）寺廟，最初由一世達賴創建，後由歷代班禪不斷修建成了歷代班禪的寓所，內有四世班禪遺體及用色鮮艷的壁畫；此地設有佛教大學。途中參觀藏香的製作工廠，藏香完全依古法製作，採天然香料，可促進血液循環及安神；最早發明藏香的是吞米·桑布札大師。晚間在藏族藝術中心欣賞傳統藏族的歌舞表演，藏族舞蹈獨特慵懶，歌聲卻高亢有力。下午在遊覽車上曾播放一首西藏流行歌曲：「長長的頭髮，黑黑的眼睛，親愛的姑娘我愛你……」真是餘音繞樑三日不絕於耳。

世界最高鹹水湖——納木措

八月十三日清晨，由拉薩出發經藏北羌塘草原重鎮——當雄，之後前往海拔四千七百一十八公尺世界最高鹹水湖—納木措，即天湖之意。在藏族心目中是最神聖的聖湖，又名「神湖」，一路好山好水，左側偶看到青藏鐵路行駛處：納木措是由念青唐古拉山雪水形成，湖總面積為一千九百二十多平方公里，沿湖不少大小溪流注入湖水呈天藍色，與天相連，渾然一體。湖中有五個島嶼，立於萬頃碧波之中，佛教徒說它們是五方佛的化身，無數信徒來此，不是遊玩，只為繞湖而行，便能得到淵博的知識和無量功德。

下了遊覽車，我花了十元，騎在馬上由藏族小伙子牽到湖邊，交談幾句知道他會唱歌，再付五元請他高歌兩首，當地的年輕人不讀書，只顧在此掙遊客的錢，實為可惜，我鼓勵他：「賺了錢，還是去上學吧」！小伙子咧著一口潔白牙齒說：「謝謝」。回程經過海拔五千多公尺那根拉山，再次欣賞高原的美麗奇景，再返拉薩已是晚上九點多。

世界屋脊花園——羅布林卡

八月十四日來到達賴的夏宮，素有世界屋脊花園之稱的羅布林卡庭園，俗稱拉薩的頤和園，羅布在藏語意即「珠寶」，林卡則是「花園」；滿庭的綠林花叢，遊客不多，門票六十元，非當地人可負擔的起。內有三百七十個不同大小的房間，是宗教活動之地，整個園林佔地四十六公頃，不看不知道，看了嚇一跳。

園內有五座宮殿，其中新宮為兩層樓建築，壁畫中詳細介紹了松贊干布和赤松德贊的生平，還有五世及十三世達賴訪問北京的壁畫，格桑德吉宮內有釋迦牟尼、觀世音等雕塑。最引人注目的是建在人工湖畔的湖心宮，是達賴在此的會客處。出到園外，遇到一些手挽著各式各樣的藏族首飾的婦女們兜售生意，為了拉近與藏胞的距離，不管是真是假，買了幾個做紀念，也為此次青藏之旅畫下了句點。

西藏，這個位於高原的神祕仙境，有著難以抗拒的魅力與誘惑，難怪從古至今一直吸引著無數的崇拜者，翻山越嶺一窺這香格里拉的永恒與美麗。

再見了西藏！

一百年十一月 展望雜誌

瀟灑絲路行中的吐魯番、火燄山隨筆

二〇〇六年九月十八日，一早汽車行駛在312國道（伊犁到上海）上，前往吐魯番。道路筆筆直直，是絲路的中道，途經亞洲設置在兩旁戈壁灘上最大型電扇風力發電器後，一眼望去是起起伏伏的天山山脈，此間有淡水湖，據說上海的大閘蟹一部分是此地養殖再反銷到上海的，湖邊的蘆葦，是造紙原料，三、四小時均行駛在天山山谷中。途經大板城，使我不禁哼起一首民歌：「大板城的姑娘辮子長呀，西瓜呀大又甜呀……」，左邊有通往蘭州鐵路，惜乘客不多，由於南疆缺水，條件不好，如今北疆公路修好了，南疆的旅遊業將越來越旺，交通的重要由此可知，大陸口號「要發展，先搞交通」，青藏鐵路，就是個例子。

中午抵達這個世界第二低的盆地——吐魯番，兩旁是無邊無際的「死亡之海」，氣溫酷熱，雖如此卻有四最之稱「最低」、「最熱」、「最乾」、「最甜」，所謂最甜指葡萄了，這個連螞蟻都難得呼吸的城市，居然可以種葡萄、亞麻、棉花、哈密瓜。午餐後前往沙漠中有著綠蔭之稱的「葡萄溝」，在漫天蔽日的葡萄架下吃馬奶子、無核葡萄等，大串小串的葡萄，在陽光照射下晶瑩剔透。同時欣賞了多采多姿的維吾爾族歌舞。有名的火焰山、千佛洞、蘇公墓，交河故城坎兒井都在「吐」境內，它融合了古代的文明以及現代的風采。

印象最深的是在西遊記中被神話的「火焰山」，由東向西躺在吐魯番盆地中部。億萬年間，地殼橫向運動時，留下無數條皺摺帶，在大自然的風蝕雨剝下形成了沙漠中的奇妙山體——火焰山，以及起伏的山勢和縱橫溝。至於「坎兒井」是古代三大水利工程之一，城裡居民用水，靠上千條稱「坎兒井」的地下渠道供水，總長五千多公里，來自天山冰河的溶水，堂弟治明是耶魯學經濟學博士，對「坎兒井」特別有興趣，以大西北的開發做了深入的研究。

這趟絲路行，在我人生的旅途中，是趟奇特之旅，彷彿走進虛幻的夢裡，細數著故國的物換星移。

我愛中華

為了慶祝中華民國建國一百年以及國父、兩蔣的豐功偉業，團結自強協會訂於十一月十二日（蔣公曾指出了國父所提的倫理、民主、科學為我中華文化之基礎，特把國父誕辰訂為文化復興節），在國父紀念館舉行「千人大合唱」，以愛國歌曲為主使我腦海中立即迴盪著「國父紀念歌」以及「領袖歌」。由於今年是建國百年，特別懷念國父紀念歌：「我們國父，首創革命，革命血如花。推翻了專制，創建了民主中華…國父精神，永垂不朽」這首歌。如果沒有國父，怎會有今天的中華民國一百年呢？可惜這首慷慨激昂的歌，現代的年輕人連聽都沒聽過。同時腦中又迴盪著「我愛中華」這首歌：當年中、美斷交時，為了加強民族意識、風雨生信心，無論廣播電台、電視台或集會遊行，都可以聽到這首歌。

兩岸開放後，我跑遍大江南北，或應邀參加學術會議或旅遊。我都會情不自禁唱著：

「我愛中華，我愛中華，文化悠久，物博地大。開國五千年，五族共一家，中華兒女最偉大，為民族為國家，奮鬥犧牲絕不怕，我們要團結奮鬥，復興中華文化。」近幾年來，學術交流頻繁，大陸有識之士，逐漸肯定中華文化的偉大。大陸崛起，經濟改革仍需文化做後盾，前孔孟學會理事長陳立夫就曾提到「統一的基礎」在於中華文化，真是真知灼見。目前大陸亦有了建設中華文化的措施，無論在北京奧運、上海世博，都展現出以「和」為貴的中華文化。

中華文化如以伏羲氏開始，至少有六千年歷史，正式有文字，始於堯、舜。中華的悠久文化，不但使我中華兒女共生共存，同時對世界的文明產生偉大的貢獻，如紙張、印刷術、指南針…等發明。孔子的「有教無類」、禮記的「天下為公 選賢與能」更說明了教育的重要、民主政治的真義。

中華民國台灣之所以社會安定、民生富足，就是受到儒家中倫理道德的薰陶。國父曾說：「有道德，始有國家、有道德，始有世界」，國父不但是民主自由的開創者，同時也指引人類趨於大同世界的先驅者。不知何時可發行紀念國父的郵票？讓世人記得國父的偉大。

一百年十二月　團結會訊

世界華人作家會議在佛光山

民國百年十一月廿八日，我終於乘坐高鐵來到舉世聞名的佛光山，此行目的是為出席在佛光山舉行的第八屆世界華人作家（簡稱世華）大會，初抵左營車站，已有一排穿著旗袍的師姐為參訪的台北賓客包括：陳若曦、封德屏、楊小雲、謝鵬雄、王潤華及本人等一一獻花，其他來自海內外的華人作家皆陸續進駐佛光山的雲居寺。

佛光山在開山宗長星雲大師的多年努力耕耘下，目前在海外已有三十三個國家建有二百餘所分會，其中位於洛杉磯的西來寺，多年前本人就前往參訪過，規模相當宏偉壯觀。

為了弘揚佛法，佛光山已成為中外古今佛教文化、教育、慈善修持的中心。

一九九一年所創立的國際佛光會，迄今會員已遍及五大洲，此次為期兩天的世華大會在公益信託星雲大師教育基金會以及國際佛光中華總會的贊助下，終於在高雄佛光山盛大舉行，與會人士除了開會外，還參觀了將於十二月廿十五日揭幕的佛陀紀念館，深感收獲良多不虛此行。

十一月廿九日上午舉行的開幕式由星雲大師主持，大師著作等身，熱心推動人間佛教，發揚中華文化，裨益世道人心。

大師說中國有一句話：「自古紅顏多薄命，自古文人多坎坷」。但文人的精神是富有智慧的，是高人一等的。歷史上的帝王會隨歷史消失，但文人作品至今膾炙人口淵遠流傳；他特別舉例李白杜甫的詩、三蘇的文章皆使他生命成長、昇華。大師表示心甘情願做文人是了不起的，一隻筆增加世間光明、一隻筆表露對社會的關懷；作家的文章在副刊上豐富了人生，影響深遠，與歷史同在、與日月同光。

大師也談到即將落成的佛陀紀念館，是十方的、是大眾的，歡迎各界人士共襄盛舉。來自紐約的名譽副會長趙淑俠特別推崇大師並感謝大師提供場地和資源，我們將努力寫作以回報大師的大愛；經世華會議通過，特聘大師為永久名譽會長。

來自全球兩百位華人作家齊聚一堂，包台灣文學館館長李瑞騰、歐華創會會長趙淑俠、北美會長趙俊邁、紐西蘭會長、非洲會長趙秀華以及符兆祥大衛王、施叔青等人。

除了開會交流、專題討論及演講外，最大宗旨是團結各地華人作家，加強各地華人作家對中華文化傳統的發揚。正如大師所說兩岸交流以宗教文化最容易，統一的基礎建立在中華宗教文化上。

猶記廿多年前在立委陳紀瀅率團下，本人有幸應邀參加在馬尼拉舉行的「亞洲華人作家」會議時，紀老曾呼籲作家須以更高的情操去動筆，殊以影響人類思想並引導人性趨於善良，使社會保持安定和進步；當時我曾提「如何促進亞洲地區文化交流」的論文，並呼籲作家們拿出道德勇氣把「仁愛」的思想與感情、「倫理」的生活與信念，融合在文學創作中，並獲得一致好評。

這又使我想到星雲大師常說的一句話：「做好事，說好話，存好心」正是使社會達到和諧的境地。

此行優先參訪了將於十二月廿十五日舉行的佛陀紀念館開光大典，並於廿十八日滙集海內外信眾約百萬人一起發起「百萬人抄寫心經」祈願活動。佛陀紀念館佔地四千坪。地下一層、地上五層；另有八座代表八正道的寶塔及地下宮四十八間，內藏各種與佛陀相關聖物。佛光樓上的佛光大佛，連同基座高一百零八米，十分壯觀，真可謂是高雄的地標之一。

總之，佛陀紀念館的成立係本著「十方來，十方去，共成十方事；萬人施，萬人捨，同結萬人緣」的理念而來，讓佛光普照、法水長流。

結束會議及參訪活動後，本人邀集海外作家前往萬壽園的靈骨塔，祭拜著名作家「無名氏」，無名氏本名卜乃夫，是展望雜誌卜幼夫社長的二哥，和星雲大師同是揚州人，又是虔誠的信徒；他著名的小說有「北極風情畫」、「塔裡的女人」等。二〇〇二年台北曾舉行「無名氏文學作品研討會」，兩岸都出版了他的文學作品，是位國寶級的大作家；他歷經許多坎坷，正印證了星雲大師所說：「自古文人多坎坷」。

一百年元月　展望雜誌

百歲人瑞大姑媽

二〇一一年二月十六日清晨啟程，經香港轉國泰航空至洛杉磯。台北到香港乘客不多，香港到洛杉磯則座無虛席，鄰座是位廣州到洛杉磯探親的中年婦女，因旅程很長，與她偶而也聊上幾句：「妳到洛城是探親嗎？」「是啊，向我百歲大姑媽拜壽」「真好！」「你們辦簽證容易吧？」「現在是辦觀光簽證，聽說半年後可免簽」「真好！」「我們中華民國護照已有一百二十七個免簽證國」「那你們護照真珍貴啊，可不能隨便遺失了」這位婦人好像很羡慕我。

寒暄片刻後，閉目養神了一會，當窗外藍天白雲浮現眼前時，想起了大姑媽常說的一句話：「當你歡樂時，看看雲吧，雲告訴你歡樂很快消逝；當你痛苦時，看看雲吧，雲告訴你痛苦很快消除」這種豁達的哲學，正應驗出大姑媽之所以活到百歲的原因了。

大姑媽在家排行老大，長父親十歲，暱稱父親「小阿弟」，我這姪女也特別受到大姑媽的呵護。自從大姑媽移居美國後，我總是利用寒暑假前往探望她，因此常常從她的生活起居中，得到許多啟示，且受惠良多；曾以她老人家為題材，寫下「快樂的大姑媽」、「燕雙飛與大姑媽」文章；今年是她老人家百歲誕辰，我這七旬老姪女，理當飛渡太平洋為她祝賀。

從香港飛洛杉磯約十四小時航程，我不時望向窗外的浮雲，思緒從大姑媽轉念到已逝世的大姑父……

大姑父在我心中是位溫文儒雅的謙謙君子，從抗戰到勝利，從成都、到南京、到廣州，最終到台灣，都兢兢業業任職於「國際電信局」（現今中華電信前身）。每年代表國家，出席日內瓦電信聯合理事會，以及國際電信衛星組織等會議，他優秀的外文能力與專業知識，每每在國際會議中，為我國的電信發展，奠下難能可貴的地位。

大姑父一生奉獻於電信局，於民國六十五年國際電信局局長任內退休，偕同大姑媽移居氣候宜人的洛城，與子孫輩團聚享天倫之樂。夫婦倆共育有四子一女；老二、老四因當年國共戰爭時，為陪爺爺而未能一起赴台，直到大姑父夫妻定居美國時，才千方百計將二人以依親方式，接至美國團圓，迄今已三十多年，真是人生如夢啊……這次能從台赴美與大家團聚，真是令人興奮，漫長的航程，就在回憶與半睡眠中，於當地時間十六日晚抵達洛城。

二月十八日，宴會場地陸續聚集了來自紐約、紐澤西、舊金山、大陸南京及台灣等各方親友。會場由晚輩佈置，掛滿各色氣球，喜氣洋洋；稚齡的曾孫，個個精心打扮，活潑熱情地穿梭在長輩之中，老老少少開懷暢談、笑聲盈盈，滿室歡樂！席開五桌，由慶勝表弟主持，邊用餐邊欣賞大姑媽自年輕到現在的幻燈片；席間還有孫子輩的鋼琴、小提琴表演，頗有世代交替的情感交流。大姑媽近年雖腳力較差需坐輪椅代步，但依舊開朗樂觀。壽星切蛋糕是宴會高潮的時刻，大姑媽身著繡花棉襖，胸前掛上一枚玉飾，神態優雅地端坐在蛋糕前，笑瞇瞇地望著寫有「福如東海，壽比南山」的蛋糕，後輩晚生，逐一上前拱手拜壽，並獲壽星紅包添喜氣；我送上名書法家廖熙選書寫的「鵬飛九萬里，鶴壽三千年」的條幅，大姑媽摟著我哈哈大笑，甚為開心。

來自南京的玉姑媽，比大姑媽年輕十五歲，外表雖有些許的彎腰駝背，卻神采奕奕和大姐有說有笑輕鬆自在，如今姐妹跨海相見更顯可貴。我們這些同輩的兄弟姐妹，皆是七十左右的老人，但看在壽星姑媽的眼裡，我們永遠是她心目中的小弟弟、小妹妹；席間，不時有人向壽星請教長壽之道。

二月十九日，在梅妮表姐陪同下，到達大姑媽所居住的——「于斌樞機安養院」。這是一座小而美的安養中心，來自兩岸三地的工作人員，提供了三十多位老人一個溫馨又安全的安養環境；每位工作人員敬業又和善，最先引領我們進入會客室的就是來自台灣嘉義的修女。閒聊下，方知安養院的理事長為立人國際中小學創辦人兼董事長鄭惠芝女士。十七日還在台北輔仁大學獲頒名譽博士，與會祝賀人士有前副總統蕭萬長先生、馬英九總統母親秦厚修女士、天主教單國璽樞機主教等。原來鄭董事長的先父與于斌樞機主教是同班同學，他對宗教無私的奉獻，深深影響她對日後的教育事業。十八日在洛城阿罕布拉市舉行慶祝酒會，與僑界友人一起分享這份榮耀；鄭惠芝的兒子孫國泰為聖瑪利副市長，家庭和樂，修女娓娓道來後…接著帶我參觀了院內的餐廳、休閒室、小教堂…等，最後來到大姑媽的房間。

老人家見我到來，立即拿出抽屜中的梳子整理頭髮「夠漂亮了！」我逗她說，她拄著拐杖對我說：「九十歲的人了！」昨天才給她做百壽，不知她是忘了，還是不願承認自己已百歲？

我們邊往外走邊聊，來到庭院「妳看那樹上的鳥兒叫得多好聽…」說完就坐在藤椅上仰望著藍天白雲；我握著老人家的手問：「妳今年幾歲？」「十八歲」突如其來的答案，惹得我哈哈大笑「我就是要逗妳哈哈大笑」，大姑媽就是這麼天真可愛，她說「人要快活地笑，才不會老」。

「妳看，妳頭髮還這麼多」，「我以前更多！」我又誇她身上黑底紅花的背心好看，「這是梅妮政大同學田玲玲送的生日禮物．她們從同窗時期就一直維繫著深厚情誼」。正是「親情友愛最可貴，良辰美景要珍惜」，返台時，梅妮亦託我帶盒巧克力給玲玲姊以表謝意。春暖花開的庭院，讓人忍不住為大姑媽拍了些照片做為紀念，姑姪倆興緻一來，還合唱了首「燕雙飛」。

安養院裡有許多娛樂活動，如老人麻將、做體操、電視節目，但她很少參加，獨獨喜歡坐在院子裡閉目養神，「以前的牌友都走了，和不熟的人打又沒趣味，寧可自個兒做做伸展操」她感嘆地說。

「妳開心嗎？」我問，她皺下眉頭說：「怎麼開心呢？大姑父不在身邊…」，這句話勾起了她的傷感，不過大姑媽總是說：「這都是上帝的安排，讓他在美麗的天國享受幸福」。算算日子大姑父已去世十多年了，大姑媽也獨居了十多年了，真是靠著堅強的意志，才高壽百歲啊！過去的往事她記憶猶新，「大姑父去世時，洛杉磯各界代表及僑界都致贈花籃和花圈，教會舉行追悼會莊嚴而隆重，還以為大姑父是什麼重要人物哩！」

往事如雲煙，想到當時主持大姑父追悼會的是慶衍表哥，他曾任洛杉磯駐台北經濟文化參事處處長，後來派駐巴哈馬、洪都拉斯大使，他是位自我要求嚴謹的優秀外交人才，畢生致力我國外交，因積勞成疾於數年前辭世，和大姑父同葬於玫瑰園。

沉靜好一會兒，大姑媽話鋒一轉，開始教授我如何製作醉雞：「將花椒和塩一起炒，炒好後和雞醃一天以上，之後再加紹興酒再醃一天以上，最後再用水蒸」。大姑媽一遍又一遍地說，我一遍又一遍地洗耳恭聽，唯一懊惱的是沒把她那一口浙江鄉音錄下來。

大姑媽雖是職業婦女（曾任職國際電信局），但最大的興趣是做菜，「施比受更福」；她喜歡做些家鄉菜分送親友品嚐，直到前兩年摔了一跤住進安養院，就不能隨心所欲了。「吃的方面是不是像爺爺奶奶？」我問，「誰也不像，像我自己」她幽默以對，「我們要活在當下，對吧？」我又問，「對！對！」又是一口鄉音。

面對百歲大姑媽，才發現已做祖母的我並未老去…

一〇一年五月二日　中華日報

中國人　台灣人

地點：美容院

某職校的實習生，邊替我整理頭髮，邊問我：

「阿嬤，妳是哪裡人，國語說得這麼好？」

「浙江人」

「妳什麼時候嫁來台灣的？」

我差點笑了出來，

「妳以為我是大陸新娘？我的外孫和妳差不多大，今年要考大學了，妳想我會是大陸新娘嗎？」

「妳什麼時候來台灣的？」

「一九四九年隨我父母渡海來台，那時讀小學三年級，妳看過龍應台『一九四九』

這本書嗎？」

「沒有」

話不投機三句多，我又轉移話題

「妳是哪裡人？」

「南投」

「我是台灣的浙江人，其實無所謂本省人、外省人，大家都是中國人」

「妳會唱國旗歌嗎？」

「三民主義，吾黨所宗…」

「這是國歌，國旗歌是：山川壯麗，物產豐隆，炎黃世胄，東亞稱雄…」

「我想起來了，好像小學升旗典禮時唱過，可是現在全忘了！」

幾年來，政治人物一天到晚在「省籍」、「去中國化」等話題上爭論不休，「教改」改得讓年輕人對大中國的民族意識，日漸低落，就連國旗歌與國歌都混淆不清，吹髮時，我不禁閉目暗吟…

「長江水呀長江水，黃河濤呀黃河濤，阿里山呀阿里山，不都是屬於中國的美麗江山；我愛長江，也愛阿里山」。我的祖籍是浙江，母親是湖南，我受教於台灣，成家立業於台灣，先生是自小隻身來台的上海人，女婿是來台十幾代的福建泉州人，加上媳婦及內、外孫等，早就是一個南北融合的大家族；正如蔣經國先生說過：「我是中國人，也是台灣人」。

前不久，我去洛杉磯探親時，在候機室遇到一位老外，他以為我是大陸人，我字正腔圓地告訴他：「我是中國人，來自台灣！」

一〇一年六月二日 中華日報

雙胞胎的照片

教書生涯四十年，自從退休以後，比起以往有較多的清閒日子，某日整理完陽台花草後，突然心血來潮，翻開了三十多年前的生活照相簿，偶然發現一張雙胞胎女兒平平安安剛上初中時的黑白大頭照，一副清純模樣，可惜只有其中一人的單獨照張，看了老半天，卻不知是平平還是安安；她倆自小從幼稚園、小學、初中、高中，乃至大學都在同一個學校，就連老師和同學都常常分辨不出誰是誰，有時還會被姐妹倆捉弄一番。大學畢業後，平平成家立業，育有一子一女。春去秋來，歲月如梭，如今兒子要考大學，女兒則要升國中三年級；安安大學畢業後，短暫工作後即赴法國進修，返國後在某大型廣告公司任職十多年，迄今仍是單身貴族。

雙胞胎同年同月同日生，命運卻大不同！如今她倆都邁入中年，而我盯著這張大頭照，居然分不出這青春少女是平平？還是安安？多好笑。母親節聚餐時，我拿出這張照片給大家認認，答案是一半一半，就連主角本尊也愈看愈迷糊。

提到照片，令人印象最深的是她倆周歲生日時，一人一邊坐在一個大蛋糕後面，外子扶著平平，我扶著安安，正要拍照唱生日快樂歌時，眼睛盯著蛋糕的安安，已迫不及待伸手挖了一塊奶油往嘴裡吞，咔嚓一聲，就拍了這張精彩的照片，引得大家哈哈大笑。另一個令人懷念的是，小時候總把她們打扮得漂漂亮亮而且是一模一樣，每逢過年過節，長輩都喜歡逗弄著她們，把她們當寶貝般呵護，真是集三千寵愛啊！

之後，又翻了好些塵封已久的舊照，往事一一浮現眼前，民國五十三年，那年我剛大學畢業結婚，不久即應邀參加「中華民國赴非友好訪問團」前往非洲十五個國家，介紹我中華文化，並促進與非洲各國友誼，我負責彈奏古箏、琵琶；始懷胎的我，歷經一百多天共五十五場的演出，返國後於次年生下一對雙胞胎女兒，母親為感念我平安歸來，故將雙胞胎女兒取名為「平平」、「安安」。

我常想我比一般人幸福，因為上帝賜給我一對名為「平平安安」的雙胞胎，平安就是福，一路走來，一家大小都在平安中渡過。

從周歲至今四十七個年頭，除了安安留法那段時間外，每年生日必有一張雙胞胎的合照，從黑白底片到彩色、數位；早期的照片若是穿短裙，則更好分辨，因為安安小腿有顆痣，要是臉上分不清，就得往腿上瞧了。翻開她們小時候的照片，令人墜入時光隧道，那時根本不分誰是誰，因此索性將「平平安安」一起喊，總有一個會回應。她們特殊的學生身份總是引人注目，曾有唱片公司老闆登門想找她們和另一對雙胞胎兄弟搭檔進入演藝圈，這對兄弟前陣子還是熱門的偶像節目評審，可是當時平平安安剛上大學，為了不影響課業，幾經考慮後還是婉拒，現在想想要是當時答應的話，我早就是星媽了⋯⋯真不知有多少精彩的照片，在我相簿裡呢！

一〇一年九月二十五日 中華日報

生活中尋找動力

每到炎炎夏日，我這上了年紀的銀髮族，每星期定會抽空幾天到住家附近的「文山運動中心」報到，享受游泳的樂趣，去年曾撰寫「泳不服老」一文。今夏特別酷熱，因此游泳次數也跟著增加了，因為一旦泡進游泳池裡，令人難耐的熱氣全消。此時的我如魚得水般，游來游去樂消遙。暑假期間總會遇到一些學游泳的孩童，看到他們天真活潑的模樣，往往令我忍不住上前哈拉幾句：「你游什麼式？」我問身旁的一位小女孩，

「水母飄」

「什麼是水母飄？」

「就是閉氣飄在水上」

「太棒了」

小女孩笑咪咪地望著我。

最好的運動是游泳，最好的面容是微笑；我們相視而笑，真是有返老還童之感。一個人無論年紀多寡，必須在生活中尋求動力、尋求樂趣；人活著就要動，不但身子動，還要與人互動，易經：「天行健，君子以自強不息」，給了我們人類最大的啟示，尤其是老人，更要自強不息。這使我想到吾師陳立夫先生，他之所以活到一百零三歲，奉行的就是「養身在動，養心在靜」的不二法門；攝影大師郎靜山以及我的大姑媽都是注重養身在動，在生活中尋求動力的百歲人瑞。

常見的運動，除了游泳、步行外，還有打球、舞蹈；由於我酷愛音樂，有時也會在書房放些迪斯可之類的搖滾樂，隨著熱情的節奏，身子也跟著自然而然地舞動。這種簡單的律韻，也是紓解壓力的高招，可達到「自歌自舞自徘徊，無拘無束」的境界，對銀髮族而言，身體雖然日漸老化，但心智卻要時時提昇。

兒孫來家中聚餐時，興緻一來，我也會彈上幾曲鋼琴、琵琶助興，或唱些令人懷念的兒歌如「一閃一閃亮晶晶，滿天都是小星星」「哥哥爸爸真偉大，名譽照我家」⋯「外婆好天真」我回「你們的太姑婆活到百歲就是因為個性開朗、瀟灑，明明百歲，她卻喜歡笑說自己十八歲，逗得晚輩們哈哈大笑」，近日智慧型手機正夯，我接著勸兒孫們說：

「不要老是拿著手機當低頭族，要在生活中尋找動力才是！」抬頭吧！尋找未來！

除了身體的動之外，腦力也需要激盪，多參與各式各樣的聚會或社團活動，多與人群接觸，別當自閉銀髮族，關在象牙塔裡。

一〇一年九月五日　中華日報

閩南語與國語

在回家的捷運上，一位小男孩讓位給我：

「謝謝，你讀幾年級？」

「阿嬤，妳可以用閩南語講，我聽得懂，我讀六年級」，我望了男孩童稚的臉，仍用標準國語對他說：

「我可以幫你拿書包嗎？你的書包看起來很重」

「不用，不用」

他揮揮手用國語回我話，但他好奇地望著我，想我這阿嬤怎麼老和他說國語而不是說閩南語。

殊不知我是外省阿嬤，八歲隨父母渡海來台，一甲子過去了，說實話，我雖聽得懂閩南語，卻少有機會開口說；因為和我的職業有關，四十年的教職生涯，上課都是用國語，再加上周遭親友大都是外省籍，講方言的機會更是少之又少。其實現代的年輕人大都還是以國語為主，尤其是北部，像我那今夏要升大學的本省籍的外孫，從小到大，不曾聽他和父母用閩南語交談，看樣子用國語溝通依舊是未來的趨勢。

地方方言可任其自然存在，不過在公共場所，最好以國語為宜。就好像國際上為什麼大家都用英語？強勢語言才能加強溝通語解釋，小國寡民的時代那是烏托邦的理想國，現在是地球村，誰能不和鄰居打交道？比手畫腳行得通嗎？

一〇一年　中華日報

往事並不如煙

——一九八九探親記

一九八九距一九四九年正好相隔四十年。四十年前國民政府遷台，顛沛流離，正如龍應台的一九四九——大江大海所說，一切的生離死別都發生在某一碼頭——上了船就是另一個人生的開始！外子李殿魁當時十二歲，在國共內亂時隨父親之友來到舉目無親的台灣，以為避難個一、兩年就可以回去，詎料時局混亂，大陸淪陷，不久父親朋友去世，人海茫茫中，在同學老師的救濟下獨自奮鬥，一路完成小學、中學、大學乃至研究所等學業，最後成家立業，並於民國六十年取得國家文學博士，在文化大學創辦人的鼓勵與支助下赴法國進修，返國後執教各相關系所。

在尚未解嚴期間，始終無法得知大陸親人的消息；一幌四十年過去了，台灣歷經解嚴和開放兩岸探親，在偶然的機遇下，輾轉獲得家人寶貴的消息，開始了探親團圓的美夢。

一九八九是個很特殊的一年，先後發生「蘇聯瓦解」、北京「六四天安門」事件、「鄧小平南巡」、開放兩岸探親及大女兒年底嫁為人婦。每件事都帶給我不可磨滅的記憶，特別是在香港和婆婆首次見面的一刻，印象難忘。

天安門事件不久，我偕同殿魁前往香港、下榻在香港老友劉驊所訂的飯店之後、隨即守候在大廳等待從上海來港的婆婆及小妹；但天有不測風雲，他們自上海出發經廣州到達深圳、新界時，當天遇到鄧小平南巡，交通受阻，因此受困一晚，隔天才再從羅浮來港。由於前晚沒等到她們，第二天我們更是殷殷期盼她倆的出現！果然，在大廳見到衣著樸實的老婦，旁邊跟著一位年輕女子，一股莫名的感動油然而生，彼此緊張到說不出話來；尤其殿魁望著當時七十八歲的母親時，真不知如何開口，因為他和母親分別時，母親才三十七歲，如今已是兩鬢斑白的老婦了！

我本已在旁備好相機，以捕捉母子失散四十年，相逢的寶貴畫面，但殿魁佇立良久毫無動靜，最後是婆婆上前拍著兒子肩膀，喃喃唸著：「五元」，臉上同時露出慈祥的笑容。殿魁一聽到這四十年未曾呼喚過的乳名，立即上前抱著母親相擁而泣，我也因為這份盼望許久的親情而深深感動著！

稍後婆婆向殿魁一一敍述他離家後的家裡情形，除了原有的大弟和兩個妹妹外，後來又生了一個弟弟一個妹妹。此次陪同婆婆來港的是最小的妹妹長華，是殿魁渡海來台後才生的，這是第一次見面。

在房裡稍事休息後，香港老友劉驊設宴款待，賓主盡歡，還包了一個大紅包給婆婆及小妹，盛情可感，但我們離港時還是將盛禮歸還，其好意我們永銘在心！劉驊的太太劉小蘋是我們文大的學生，劉驊是台大港生，家在香港及美國，開了間成衣廠，某次來台經我們介紹認識，一見鍾情，不久結婚定居香港：此次來港探親，他們賢伉儷幫了不少忙。

「你們和大陸親人如何連絡上的？」劉驊好奇地問，「說來話長」長華開口了，「之前，媽媽為了想見到兒子，每天拜觀音薩，最後終於靈驗…」。

「真的嗎？」小蘋睜大眼睛說，長華接著說出經過：「前幾年我在公交（公車）負責售票工作，遇見一位台灣來的乘客，我問他認不認識李殿魁？他是我哥哥，結果真是太巧了，這位乘客告訴我哥哥是在空中大學教國文的老師，還聽過他的課，於是我拜託他打聽哥哥的地址，同時也把上海寶山的地址一併給了他，就這麼搭上線了…」

「真的太傳奇了，人助、天助啊！」劉驊說，我們邊用餐邊聊；之後婆婆問我和殿魁相識的經過：

「我們都是師大中文系前後期的同學，又同是國樂社前後社長，志趣相同而結為夫妻，如今育有一對剛大學畢業的雙胞胎女兒及一個兒子；其中一個女兒將在年底結婚。」終於輪到我說話了。

閒聊中方知身為上海大新百貨股東之一，專售江西瓷器的公公，在不久前去世，沒能見到面，實為惋惜。公公在文革時也難逃鬥爭之苦，而婆婆為保全家庭，更將大批黃金抛入黃埔江內！

婆婆曾在大新七重天掌管戲院，邀請過許多名角演唱，造成轟動。殿魁小時候都騎在大人肩膀上看戲，是個從小就聽戲的小開呢！「從小耳濡目染，難怪他對戲曲情有獨鍾，特別有興趣」我說。

由於家庭皆資產階級，故文革時都打入黑五類，除大弟下放青海，小弟也下放至貴州，而其他三個妹妹則下放農村……一家四處分散，如今總算平反，都回到上海定居，大弟則已在青海成家落腳。一晚下來聊了許多，真是感嘆萬分！用餐完畢，劉驊囑咐大家早點休息，因為他為了難得來訪的婆婆與小妹，安排了第二天遊港的參觀活動。

回到房間一夜難眠，除了為殿魁尋到至親，感到欣慰外，也為自己終於見到從未謀面的婆婆而感到興奮。

次晨，劉驊夫婦帶著我們參觀市區及海洋公園，婆婆和小妹，好似劉姥姥進大觀園般，不斷地嘖嘖稱奇！當時天安門事件剛過，隨處可見聲援民運人士的大遊行及譴責中共血腥鎮壓的大字報，這些對來自鐵幕的婆婆來說，更是大開眼界。

回憶一九八九年兩岸開放探親後，迄今已二十三個年頭，多少往事彷彿昨日，多少親友彷彿還在身邊；二十三個年頭中，我常利用寒暑假往返大陸開會與探親，期間還曾接婆婆來台小住三次，與兒孫同享天倫之樂；同時還和親友摸上幾圈衛生麻將。為了陪婆婆遊覽美麗的寶島，兒子十八歲就學開車，前後走遍日月潭、阿里山、花蓮天祥、橫貫公路，讓婆婆親身感受寶島的美，並留下訪台的美好回憶⋯婆婆最後以八十六歲高齡去世於上海，老人家慈祥的音容，仍清晰留在腦海中！

「一個錢當兩個用」是老人家常對兒孫們講的話，大陸經濟改革前非常落後，記得第一次到上海接婆婆來台，外灘一片漆黑，很難想像早年上海十里洋場的景色，如今二十三年過去了，大陸崛起，外灘已是五光十色、繁華燿目，真是不可同日而語！

一九八九年年底，最後一件值得紀念的便是雙胞女兒中的平平出嫁，殿魁挽著女兒走在紅氈上，步入人生的另一階段；婚宴中親朋相聚，一片喜氣洋洋，當時的證婚人薛毓麒大使致辭時為新人說了許多祝福的話，印象中最深刻的是「一加一不等於二，希望早生貴子，一加一等於三」引得哄堂大笑！春去秋來，歲月如梭，如今平平的兒子也上了大學，女兒則是亭亭玉立的國三女生，應驗了當時一加一不等於二的祝福，只是變成了一加一等於四的幸福！二十三年後，我們也由當時的中年變成銀髮族，期間的悲歡離合，歷歷在目，恍如昨日，但願明日會更好！

一〇二年八月　脫稿

一雙走過青藏高原的球鞋

春假期間，和家人出外踏青，我摟著唸初中的外孫女，指著腳上的球鞋說：「這雙鞋是前年八月前往世界屋脊——青藏高原時在海拔三千多公尺的青海湖畔買的名牌球鞋…」識貨的外孫女笑說：「是山寨版的吧！」「不管是什麼版，它已為我留下深刻記憶！」外孫女接著說：「那妳要把它收好了供起來做紀念」「不行，鞋子不穿就不能穿了，尤其是球鞋，這雙鞋寬暢舒適又合腳，帶我輕鬆走過青藏高原，愈穿愈有感情，儘管外觀有些斑駁與磨損，我還真喜歡穿著它到處走走」外孫女看我說的如此不捨，最後蹦出一句：「外婆，那妳又有文章可寫了…」

家人都知道我這一生，除了教書就是樂於旅遊與寫作，外孫女給了我靈感激起我提筆寫下這隻球鞋的特別記錄。

旅行團於二〇一一年八月五日由成都起飛前往青海西寧，隨即抵達世界最大的鹹水湖——青海湖，一下車就發覺穿在腳上的鞋有點問題，為了不影響接下來的行程，立即在青海湖旁買了雙球鞋更換，團員們都說：「有意思，沒想到居然大老遠來到青海湖買鞋！」想不到這雙新鞋舒適好走，帶著我一步一腳印的走到青海湖畔的大草原，欣賞如詩如畫的美景，壯麗的景色讓我佇立良久。

次日前往西北地區最大的清真寺，腳上的新鞋跟著我漫步於寬暢的寺內，鞋好走，心情就跟著輕鬆，寺內肅穆寧靜的氣氛，讓人感到特別的安詳。

八月七日由西寧搭乘青藏高鐵，為了捕捉窗外難得的景色，我不停地穿梭在海拔三、四千多公尺高的車廂內；那雪山、草原、湖泊、陽光⋯盡收眼底，令人如置天堂般的愉悅，不愧有世界屋脊之稱！

一天一夜的青藏高鐵行程後，終於抵達有著日光城美譽的拉薩，次日再又從拉薩到東南面的林芝，途經海拔五千公尺的米拉山口、尼洋河及雅魯藏布江等風景區；腳踩在江邊，望著山水長卷畫般的景緻，真是恍如做夢般不忍離去。接著馬不停蹄地參訪藏胞新社區，在區內悠哉漫步，近距離實際感受藏胞們的居家生活，他們十分歡迎我們的到來，也樂於和我們拍照留念。

八月九日，參觀林芝最大的巨柏樹，這棵有著二千年歷史的神樹，要十二個成人才可環抱起來，能繞著神樹走一圈也算不虛此行。午餐後抵達世界最大、最深海拔三千公尺高的雅江大峽入口處——派鄉，腳站在快艇上，欣賞雅江的洶湧與壯濶，真想脫了鞋把腳泡進江內⋯

上岸後，這雙鞋伴我走在江邊起伏舞動的路上，並為我在這少有人跡的地方留下清晰的腳印。

八月十日，一早套上球鞋，隨即登車前往座落於拉薩的布達拉宮、大昭寺、八廓街等地，行程皆是馬不停蹄：印象最深的是依山而建、順勢堆砌、巍峨雄偉的「布達拉宮」，它海拔三千七百多公尺，像是建在天上而非地上；上山的階梯呈Z字型，順Z字型石階而上，不知不覺抵達第六層主樓，在此可俯視附近的大昭寺。宮體主樓為十三層，全部為石木結構，它分紅宮和白宮；當踏進宮內，觸目所及的是各類佛堂，其中以五世達賴靈塔最壯觀，黃金包裝外鑲寶石，僅此靈塔即花費十一萬兩黃金，令人不可思議，

離開布達拉宮即到附近的大昭寺，它是藏傳佛教最神聖的寺廟，內有大唐所造的釋迦牟尼佛像，寺內香火裊裊，祈求降福。接下來，我的這隻球鞋也伴我走過朝聖者的轉經路——八廓街，它集宗教、觀光、民俗於一身。

八月十一日抵達西藏第二大城「日喀則」，它位於雅江上游，土地遼濶，有著碧綠的美麗草原、黃澄澄的油菜花田，遙望著飄忽在青山間的白雲，令人如置仙境。

八月十三日，再由拉薩出發抵達海拔四千七百一十八公尺的世界最高鹹水湖——納木措（天湖之意），無數湖水與天相連，無數信徒來此，不為遊玩，只為信仰繞湖祈福而行，並期盼得到淵博知識與功德。因時間有限，我只好騎在馬上由藏族小伙子牽往湖邊，再下馬步行繞湖，回程時還經過海拔五千多公尺的那根拉山。

人的一生如同深度旅行，不在目的，而在過程，「人生天地間，忽如遠行客」，我這一輩子似乎有旅行的命，從大學畢業近半世紀以來，跑遍歐、亞、非以及中華大地，不知換了多少歷經風霜的鞋，但這雙在青海湖畔買的球鞋實在不忍拋棄，因為它曾伴我行走青藏高原的名山、大川、草原及湖泊，尤其是那神祕而美麗的世界秘境——西藏！

二〇一二年六月八日 中華日報

大陸第一所「孔子文化大學」誕生了！

今年七月底，在留法同學餐會上聊天時，畫家劉平衡夫婦提到不久前，他們曾到山東煙台舉行畫展，頗受歡迎，我順便提到最近也收到山東曲阜師範大學校長傅永聚掛號信，謂該校將改名為「孔子文化大學」的消息，字跡是前考試院院長孔德成教授生前的墨寶，縮小複製了一份送我，並附上他的著作「孔子讚歌」（中、英、韓、日翻譯），前駐教廷大使杜筑生笑說：「太好了，你可以把這個好消息報導出來，這也是兩岸文化交流的好現象。」

最近我把曲阜師大改名的事，又告訴前駐教廷大使戴瑞明時，他也希望我把「孔子文化大學」誕生的始末寫出來，兩位大使都認為兩岸關係和平發展，應發揚孔子以和為貴的精神。

提到曲阜師大改名「孔子文化大學」，要源溯到一九九四年，本人應邀前往曲阜師大參加「儒學與文學國際學術研討會」時，本人曾宣讀論文「儒學的仁愛思想與文學使命」，會後接受記者採訪時，特別提到儒學的重要，並引用一九八八年世界各國諾貝爾獎得主集會於法國巴黎時，曾發表一項共同宣言，其中有云「人類要在廿一世紀求生存，必須回到二千五百四十多年前孔老夫子那裡去尋找智慧。」由此可知孔子思想受到世人的重視。

那次會中並贈送孔孟學會理事長陳立夫先生「四書中的常理故事」乙套，給孔子博物館館長孔祥林先生，並告知我們的教師節都在九月二十八日孔子誕辰這一天，就是立公早年任教育部長時所訂的。日積月累的歷史文化是有其生存及發展的必要。

事隔兩年，一九九六年曲阜師大中文系主任張稔穰教授來信，該校擬改名「孔子大學」，要本人請孔子七十七代後裔奉祀官孔德成教授題字。由於孔教授痛恨文革「批孔揚秦」，祖墳被挖，不肯提筆。但是，後來考慮再三，仍然大筆一揮，就題了「孔子大學」四個大字，校名由本人寄去，但是由於種種原因，遲遲不見批准。「孔子大學」四個字一直放在檔案館，塵封十七年。

二〇〇八年孔德成教授仙逝，二〇一〇年張稔穰教授也不幸過世，直到今年六月突然接到曲阜師大傅校長來函「孔子讚歌」著作，謂該校師生和「中國孔子基金會」討論結果，孔子大學如果加上「文化」兩字，即可掛牌。我只好在孔教授早年墨寶中找出「文化」兩字，寄給傅校長，「孔子文化大學」校名終於合成。不久即將掛牌，完成了發揚儒家思想、中華文化的宗旨。真是可喜可賀。

另一件值得我們欣慰的事是，據報導大陸當局已決定自明年起，把九月十日的教師節，改為在九月二十八日來慶祝。兩岸教師在同一天慶祝自己的節日，是一件很有意義的大事。（作者為世新大學退休教授）

一〇二年九月二十七日 中華日報

名字的座右銘

當外孫女告訴我她將分發到位於士林的中正高中時，我驚訝地摟著她說：「太好了，太巧了，正是外婆五十多年前就讀的士林中學，我們成了前後校友！」

後來，我翻出塵封已久的畢業紀念冊，在家庭聚會時取出給大家傳閱，首頁即是一張我青春少女時期的清純照片，旁邊寫著：「請老師同學給予勉勵」，如今我已由少女變成銀髮族，真想不到正值青春年華的外孫女，竟然進了和我早年就讀的同一所學校。

這本初中的畢業冊有兩首名聯：「向學無他途，有恆為中道」、「向此十萬里，恆字在當中」，都是老師們題的。兒孫們搶著邊欣賞這難得的紀念冊，邊拍照下名聯做為紀念；「太好了，這些贈言，就當做是送給外孫女的座右銘吧！」

「外婆的名聯真多⋯⋯」外孫女指著牆上恩師陳立夫題的：「向著光明大道前進，恆以愉快心情奮鬥」、「志之所向，其趣自立，持之以恆，成功在握」等匾額，「難怪外婆不斷地持續寫作」。

真的，我這輩子最大的興趣除了古箏、琵琶或旅遊外，其餘的時間就熱衷於寫作。寫作，雖是興趣，卻不能賴以維生，因此當了四十年的教書匠！

日月如梭、光陰似箭，教書生涯退休後，仍以筆耕為樂，感謝父母為我取名「向恆」兩字，讓我有恆地寫作；惜年老力衰，深感琵琶太重，久已不彈，還是寫作最輕鬆！

「筆耕」看似輕鬆，卻也是件辛苦事，需要不斷地鞭策自己，不可怠懈下來：算算這一生，除了學術論文外，散文集已出了十多本，所謂「富貴一陣風，文章千古事」，其實，這種爬格子的方式，正是宣洩、抒發感情的最佳方法，藉此將心裡的喜怒哀樂，或隨筆、或回憶用文字紀錄下來！尤其是遇到感人、引人回憶的話題，特別能勾起我的寫作動力，這些都成為我教書外的成就感，我曾先後榮獲台灣中興文藝獎、中國文藝協會散文獎以及韓國小說協會文學獎！文章，可以小題大作，也可以大題小作，可長可短，愛怎麼寫就怎麼寫，活得越老，人生體驗越深。

一九九八年，陪母親回湖南長沙探親時，書法家伏家芬（前考試院委員伏家謨的弟弟）曾當場揮毫，為我寫了幅名聯；「得向前時皆向善，雖無恆產有恆心」，和立公題的；「向善有恆」不謀而合：另外，還有一幅王甦教授寫的：「向實韜光聲愈著，恆心寫作道彌高」，這些得來不易的名字聯語，皆高掛於書房以自勉。

總之，一個好名字，竟能成為我的座右銘！

一〇二年九月十六日　中華日報

從「二泉映月」說起

二〇一三年九月廿八日在宜蘭傳藝中心舉行兩岸國樂論壇及台灣國樂一甲子活動，特請北京中央民族樂團（琵琶、二胡、板胡、古琴、笛子、楊琴）等六位專家來台演奏。

其中最扣人心絃的是二胡的「二泉映月」，迄今仍餘音繞樑、不絕於耳！這首由一級演員鄧建棟所拉奏的「二泉映月」，來自民間藝人瞎子阿炳名曲，充份抒發了他內心對美好生活的嚮往。

早在兩岸開放不久，一九九〇年赴南京大學參加「明清小說研討會」時，最後在惜別茶會上，就有二胡演奏家拉了一曲「二泉映月」，才知道阿炳的原名叫華彥鈞，此曲是以阿炳的老家江蘇無錫的「天下第二泉」為曲名，借二泉月色，抒發他對大自然的熱愛，展現他堅毅自信、倔強剛直的精神，以及他坎坷不平的人生際遇和內心掙扎。長期以來並無曲名，無錫當地稱「自來曲」、「無題」，直到一九五〇年，音樂家楊蔭瀏替他錄音時，才取名「二泉映月」，後來在閒聊中才知道阿炳還是位愛國藝人，抗日時期做了許多愛國歌曲。大陸早已成立被譽為「中國二胡之父」的劉天華、阿炳民族音樂基金會，可見大陸對阿炳的重視。

二〇〇八年，本人應邀前往江陰，開徐霞客研討會時，順便參觀了劉天華故居，他的哥哥劉半農是有名的作家，最有名的是「教我如何不想他」，後來由語言學家趙元任譜曲。提到劉天華，除了二胡外還擅長琵琶、古箏，我的老師周歧峰就是劉天華的學生，我唸師大國文系時參加幼獅國樂社，即向周歧峰學習古箏，當時周先生為幼獅國樂社社長，外子李殿魁也是社員，當時畢業於師大國文系，主吹笛子；師承高子銘先生，同時期我曾任師大國樂社社長，並榮獲全國比賽冠軍，本人因此還被選為優秀青年代表。我的琵琶即師承中廣國樂團團長孫培章先生。

民國五十三年大學畢業後，我應邀參加中華文化友好訪問團前往非洲一百天，至十五個國家演出五十場（包括國劇、舞蹈、國樂）；之後，本人在文化大學教書時，也先後率團到非洲宣慰僑胞兩次。外子殿魁也曾於民國五十七年，參加華岡國樂社比賽冠軍，前往墨西哥奧運會表演笛子。書法家汪中特為我們題「關關和鳴之居」橫幅，掛於客廳傳為美談。

再回到「二泉映月」，這曲子雖感人動聽，惜現在年輕人知道的不多。另一首文革前著名的「梁祝小提琴協奏曲」也是百聽不厭，記得有次在上海地鐵月台就播放此曲，真令我感動到不忍離去。

提到二胡，我認識一位早年學二胡之後留學法國的音樂家張昊先生，最近在台灣音樂館展出他的樂譜、手稿等文物（十一月四日—廿九日），張昊去世已十年，晚年在文化大學任教，給我印象最深的是擅長用工尺譜把中國詩詞與音樂結合，有著濃厚的中國味，晚年有名的作品是「寶島環遊」，惜知道他的新生代依舊不多。不免令我輩為之嘆惜！

一〇二年十二月六日　中華日報

孫女種的地瓜葉

今天氣溫下降，可是我的心卻好溫暖！就讀初一的孫女放學時，乘著兒子的座車送來一包她在校園種的地瓜葉，雖然沒進到屋內，著實讓我感到好窩心，抱著爬上五樓氣喘呼呼的孫女左親右親地道別後，她又回了句：「下回再送蘿蔔來」，捧著這包地瓜葉真是感動，第一次吃到她這位都市孩子種的菜。原來孫女芳芳就讀的學校有空地讓學生體驗種菜的滋味，這是由自然課老師選了幾位學生來負責，這是一種難得的課外活動與機會教育。做夢也想不到手上捧著的居然是孫女親手栽種的蔬菜！回過頭我把它們泡盆裡，一片片仔細的洗乾淨，掠乾了還真不忍心下鍋。

孫女芳芳自小就討人憐愛，牙牙學語時兒子一通電話我就被應召去他家當保姆照顧她，她喜愛窩在我懷裡，聽我唱兒歌，有時還跟著拍子手舞足蹈的，真是我的開心果，後來進了 YMCA 幼稚園，又學舞蹈，又學鋼琴；讀小學時曾隨因工作需要的父母前往海南島一年，不僅和當地孩子打成一片，在學習上更是感受另一種完全不同的教學體驗，期間還涉獵了高爾夫及小提琴，堪稱多才多藝；現在上了中學，又酷愛上打藍球，還夢想當國手，沒想到如今對種菜又有了興趣，只是現在實施十二年國教，讓父母及孩子壓力備增，除了要培養多方才藝外，晚上還得補習加強學科，真是辛苦！

上週日家庭聚餐時適逢本人生日，孫女照例又畫了張卡片給我，祝福的話，看得我十分開心！

孫女雖是獨生女，但是還有二位就讀大二的表哥及高一的表姐，從小一見面就喜歡繞著哥哥姐姐玩，時間過得飛逝，一轉眼看著孫子們從會爬到會走到會說話，上小學、上中學、上高中、上大學：一連串的成長過程裡，我們這老一輩的也不知不覺從中年到老年了，這或許就是所謂的「新陳代謝」吧！

如今望著孫女種的地瓜葉，綠綠的嫩嫩的，一股暖流湧上心頭，以前備受呵護的寶貝，現在卻變成需要呵護親手種植的青菜，這種轉變令人欣慰，人生夫復何求，要知福惜福才是。

一〇三年二月八日　中華日報

懷念老立委趙文藝乾媽

人生無常，立法院之花、文藝界老佛爺、我的乾媽——老立委趙文藝女士在失去記憶長達十年之久後，不幸於民國一〇三年元旦與世長辭，安祥地走完了九十八年的人生旅程，留下無限懷念。…

自從乾媽從台北中央新村搬至新竹二女兒珊珊家後，每逢過年過節，我一定或帶水果、或捧鮮花前

作者與乾媽趙文藝委員合照

往探望，握著她老人家溫暖的手，唱著她喜歡聽的民謠，如茉莉花、小毛驢等，她總是睜大著眼望著我笑迷迷，雖然說不出話也叫不出我的名字，但卻依然有默契地微笑並跟著打起拍子。但近幾年來，情況不如以往，連旅居美國的大女兒立禮的女兒於二〇一〇年在美蒙特利市選美獲選后冠，拿照片給她老人家欣賞時，依舊笑而不答，真令人無可奈何！

在新竹教書的二女兒珊珊，特為年邁老母請了看護細心照料；每次南下拜訪時看護總對乾媽說：「乾女兒鄭教授來看妳了」春去秋來，相同的話不知說了幾回，但總換不起乾媽的一絲絲記憶⋯每次坐往新竹的客運上，望著窗外白雲，腦海裡總不經意地浮現許多前塵往事，以及過往相處的種種。

我和乾媽結識於民國七十一年，前往韓國參加「中韓作家會議」時，於機場候機室時，趙委員對著團長尹雪曼先生點名要和「鄭教授同房」，受寵若驚的我當下真不知如何回應，望著端莊典雅的趙委員，我真不敢相信她如此看得起我！原來她也在文大兒童福利系兼課，當時我也在文大中文系任教；在日後的一段相處日子中，發現她是位非常平易近人，和藹可親的長者，我們成了忘年之交，更從她的一言一行中獲益不少。

在和她同房的期間，她每天清晨起來，做體操、梳妝打扮，然後再輕喚我起床，讓身為晚輩的我深感慚愧，爾後，當我發現她起床時，我也立即跟著起床，和她一起做體操。她說：「人活著，就要動！」之後無論參訪和開會，我皆亦步亦趨尾隨於後形同母女。

會議結束返國後，承趙委員厚愛，在立法院設宴慎重地正式收我為乾女兒，並特邀請文友們共襄盛舉。民國七十五年，再度前往韓國開會時，我和乾媽同時榮獲「韓國小說協會文學獎」，一時傳為佳話。在文友圈享有「老佛爺」尊稱的乾媽，常常和許多文壇老友不定期的聚餐交流，她總是打扮得光鮮亮麗，精神抖擻沒有一點倦容，令人敬佩！惜當年的老前輩如尹雪曼、胡秀、公孫嬿、郭嗣汾…等，皆相繼辭世，令人緬懷！種種往事譬如昨日，一切的人、事、物彷彿還在身邊。

乾媽係陝西人，畢業於北京師範大學，曾留學美國明尼蘇達大學，一生為黨國、為教育效勞，是位堅強勇敢的女性，自從她先生張振鰲（曾任于右任祕書）於民國六十二年過逝後，她以立法委員身份還得身兼父職，為公為私忙碌不已；她曾任教育召集委員，常到處參訪考察各國文教機構及國會，足跡遍及歐美、紐澳等地。在韓國開會期間她曾簽名送我一本她所寫的「萬里前塵」一書，書裡記述她從民國四十五年自日本、加拿大、美國、英國、法國、比利時、瑞士等歐洲各地的所見所聞，曾獲頒優良著作獎。而我也回贈「半個地球」、「歐遊心影」等著作。

「半國地球」是民國五十三年我參加中華文化訪問團，前往非洲十五個國家寫的遊記，「歐遊心影」則是民國六十三年左右和夫婿李殿魁前往巴黎進修時寫的，曾獲頒中興文藝獎。原來我和乾媽都是喜愛寫遊記的作家，所以談得特別投緣，常常交換彼此作品互相切磋。

後來，我們先後離開文化大學，她推薦我到紀念于右任的崇右技術學院任教，直到退休。任教期間，特別受到乾媽的鼓勵與鞭策。曾獲頒「教澤永懷」、「作育人才」等獎牌。

同時期也在世新兼課，一路走來，教書生涯四十年，無怨無悔。至於寫作，也受到乾媽的影響，她說「富貴一陣風，文章千古事」即成了我的座右銘！乾媽前後出版了「天上人間已十年」、「成長的喜悅」、「一朵盛開的曇花」等著作，她是教育家也是作家，還曾任女作家協會理事長。

如今，乾媽高齡仙逝，但她的音容笑貌、高風亮節卻永留我心中！

一〇三年三月十八日 中華日報

憶秦厚修阿姨

人生無常，湖南周南女中旅台校友會會長秦厚修阿姨、馬總統之母，不幸於民國一〇三年五月二日辭世，盡管世事紛擾多變，她已走完人生最後一步，享年九十三歲，希望她在天國與馬伯伯相伴共享幸福。

由於家母和秦阿姨是周南女中同學，常聽母親提及秦阿姨在校品學兼優、能歌善舞，又是田徑健將…等，後來中央政治學校（中央大學前身）畢業後，在中央銀行工作；一生忠黨愛國、勤儉持家、相夫教子、家庭和睦、樂於助人，實屬傑出的現代女性！

政府遷台後，每年五月一日周南女中校慶，校友們都會聚餐，今年一〇九週年校慶，照例在五月一日中午舉行，並設宴於彭園，我有幸受邀代表已往生的家母參加。席間大家都十分關切住院中秦阿姨的病情，最年輕的校友召集人諶德容（曾任李元簇祕書、溥儒門生）還告訴大家秦阿姨尚在加護病房休養中，出席者莫不希望她老人家能早日康復。

今年五一聚餐少了秦阿姨，氣氛也較不同於以往熱鬧。餐畢後，我特別乘坐捷運至萬芳醫院，盼能探望到她老人家，並獻上祝福，惜院方為了不讓秦阿姨受到干擾，告知我院中無此病人，讓我以為她已出院返家休息。詎料，第二天下午得知秦阿姨過世的不幸消息，真是令人無限感傷。拿出諶阿姨去年校友會時拍下我和秦阿姨的合照時，更是感嘆前一天未能見上最後一面，不禁雙手合十為她祈禱在天安息。

家母多年前在紐約去世後，和藹可親的秦阿姨，就邀請我代表校友第二代參加每年的校友聚餐，因為校友們年紀都大了，有了第二代的參加，氣氛可以熱鬧；秦阿姨還用她那口親切的湖南鄉音介紹我是廖達德女兒鄭教授……春去秋來，不知不覺已應邀出席了十次，很榮幸能和家母的學姐妹打成一片！阿姨們赴會時都個個打扮得光鮮亮麗，端莊典雅；且也都很傑出，如有當過醫生的、校長的以及畫家的。聚餐時大家都用熟悉的鄉音大談「健康之道」。

這次聚餐由家母同班同學陳嘉傑阿姨的少爺鄧董事長作東，十分感激。近尾聲時九十六歲的陳阿姨還帶著大家一起合唱周南女中的校歌「地處長沙，山環水重深深鎖，女校修明，應推先進周南我，毀家興學，蒙難開基，造出文明母；到如今，三湘七澤有蜚聲；郁郁馨馨，芬芬馥馥如花朵，同學們，盡心學業，盡心學業，發皇我歷史之光榮，效忠黨國，效忠黨國，永護著光榮果」，唱著唱著，令人更懷念起秦阿姨，因為往常都是由她帶頭唱的。

回想去年五月一日紀念一〇八週年校慶時，李元簇還題了賀詞「欣逢周南女中一〇八週年校慶，敬祝校運昌隆，在台校友生活幸福，事業成功」，馬以南也應邀參加，她一口標準的湖南話，令人感到特別親切；前年在「天然台」舉行校友會時適逢秦阿姨九十大壽，大陸周南中學（女中改為中學）校長及教務長特來台祝賀，並送賀詞，相談甚歡；秦阿姨當場高歌一曲老歌「燕雙飛」，興緻高昂的她，會後還會約了牌友到家裡打個小牌。秦阿姨非常節儉與自律，因此也深深影響著下一代。她和馬伯伯鶴凌伉儷情深，馬伯伯在世時，一定陪著秦阿姨赴會，他為人風趣健談又平易近人…他常說：「黃金非寶，書為寶」，喜讀聖賢書。

馬伯伯一生忠黨愛國，曾成立「世界華人和平建設協會」並率團赴海外開會，有一年在圓山飯店開會時，我也應邀出席，協會榮譽會長係陳立夫，會長係立公中央政治學校學生馬鶴凌。立公媳婦林穎曾（立夫醫藥研究文教基金會董事長）也曾代表馬伯伯送了相關資料給旅居美國前教育部長顧毓琇，旨在發揚中華文化，天下為公，以進大同，為中華民族「萬世開太平」。馬伯伯也曾率團赴北京進行交流。馬伯伯去世時，我曾寫「揮揮手，不帶走一片雲彩」以紀念他，往事歷歷在目。

馬英九先生是秦阿姨引以為傲的獨子，他從小就表現優秀，哈佛大學畢業後返台曾任經國先生的英文祕書、陸委會主任、法務部長、台北市長乃至連二任總統，真可謂是周南之光！

如今，秦阿姨高齡仙逝，但她的音容笑貌、高風亮節，卻令人永遠緬懷！

一〇三年五月二十一日 中華日報

瑞安行

國學大師林尹陳列館成立

為宣揚儒家思想及國學，浙江溫洲瑞安市於二〇一四年九月二十七日盛重成立林尹教授著作及部份文物陳列館。我和外子殿魁都是林尹先生的拜門弟子，有幸應邀前往出席共襄盛舉。

此次會議由台北景伊文教基金會和瑞安對台辦事處共同合作，地點位在瑞安市圖書館。林師是我和外子最崇拜的老師之一，林師早年師承黃季剛先生，也是章太炎再傳弟子，來台後，在各大學任教，培植無數文學博士。

在展覽的作品中，特別要提的是「中文大辭典」，此套辭典於民國五十三年，在文化大學創辦人張其昀的策劃下，花了八年的功夫才完成，共計四十大本十六開的大辭典。

當時由張創辦人監修，林尹、高明主編，外子李殿魁負責總編。此次陳列館所陳列的是縮小本；據悉，目前大陸各大圖書館收藏的似乎都是縮小本。（請問台灣圖書館對此部大辭典的收藏情況是？）

林尹老師生平最得意的事就是負責主持「中文大辭典」的編纂工作。「中文大辭典」的籌備工作，剛開始時是沒有薪資的，完全是犧牲奉獻，所以陽明山上，經常五天一大宴、三天一小宴的請國內學者專家博士、碩士，大家熱心義務幫忙，總算漸漸步上軌道，完成了一套國內數一數二最經典的辭典。林尹老師常說：「文字是教育的基礎」，以前上課時提到簡體字就說：「該簡的簡，不該簡的則不可簡」。如「廣場」的「廣」明明是形聲字，簡化成广，把聲音去了，毀滅了中國文字。

赴會時，我送了一本由吾師陳立夫所題之「江山萬里情」予該館，此書內收編了一篇民國七十八年林老師冥誕時的紀念文。歲月如流，林老師仙逝轉眼已三十四年，撫今追昔，思念無已。

參觀紀念館後，下午舉行座談會，本人則應邀至瑞安中學演講。

瑞安中學演講

瑞安中學創立於一八九六年，是所百年名校，主要創辦人是清末樸學大師孫詒讓，他是位文字學家，而父親則是經學家孫衣言，真所謂「一門書香」。

瑞安中學講堂不大，約容納四百個座位。一開講，我就說：「見到你們就好像見到我的外孫們，我的外孫今年讀大三、外孫女讀高二；我教書生涯四十年，已退休多年，很久沒站上講台，為了不讓各位打瞌睡，不講文字學、聲韻學，今天的題目是『文學與音樂』。」

什麼是文學？簡單的說，文學就是人類心靈活動的記錄，組織人類的感情和思想，凡是以語言、文學為表現手段的藝術作品都可稱文學；包活韻文、散文、

韵文，包括詩詞歌賦，可以吟唱。儒家特別強調唯美文學中，詩、詞、曲三大支柱都與音樂有關，尤其以詞為主，如李白、陸游、柳永、蘇東坡等作品；當我提到唐詩中王維的「送孟浩然之廣陵」時，特補充了一段我去黃鶴樓的一小插曲：兩岸開放不久，本人應邀前往四川大學出席「宋代文化研討會」之後，單槍匹馬乘火車到重慶朝天門碼頭，乘川渝輪遊長江三峽時，為了參觀黃鶴樓特別在湖北武昌下船。黃鶴樓聳立於江邊，

一進門就看到王維的這首「送孟浩然之廣陵」的詩，一句「故人西辭黃鶴樓」頓時心裡擁上一股感動。

介紹「水調歌頭」時，我問同學會不會唱鄧麗君的「明月幾時有」「會」大家異口同聲的回應著，「請你們唱給我聽⋯」「明月幾時有⋯」全場人開口唱了起來，「好極了！好極了！」現在孩子已不會唱古調，但至少現代版的能唱的琅琅上口。接下來提到「青花瓷」，大家又異口同聲的唱起，「誰做的詞？」「方文山」，這首歌已收到大陸的國文課本裡，現代流行的將成為後代的古典，現在的古典就是以前的流行。

當提起小時候唱的紅豆詞「滴不盡相思血淚拋紅豆」，在座的同學卻沒什麼反應，時代不同，環境不同，別說他們不會，我想我們台灣的中學生也不一定會唱。

演講結束後，我開玩笑說：「瑞安是個山明水秀、又有文化的城市，卻看不到台北到處都有的溫州大餛飩⋯」，台北有溫州街、瑞安街、泰順街，大都是教授宿舍，可見這些地緣有著濃濃的文學氣息。

次日參觀木活制印刷，完整展現古代四大發明之一，將列為世界文化遺產。之後前往崇德書院，此書院主旨在發揚儒家思想，到處掛著先賢孔子像。

最後參訪了林師的故居，一幢瓦磚老房建於清朝，一樓已成為婚妙照相館，二樓削空置著，有些令人不勝感慨！二樓曾是老師、耀曾師兄、慰曾師姐卧房，現已陳舊不堪，原來師兄師姐在赴台前曾在瑞安中學就讀過；如今耀曾師兄已去世，慰曾師姐也已八十多歲，此時此景，真是往事如煙⋯⋯。

一〇四年元月十九日　中華日報

傳奇人物——芮正臯大使

「凡事豫則立」，足智多謀的前駐非洲象牙海岸大使芮正臯先生（字器先），退休後由於氣候關係定居澳洲雪梨，迄今已十多年，他一生瀟灑豁然，曾在二〇〇四年秋（時年八十五歲）寄來二張他已蓋好的墓地（特註明墓地地勢高、視野寬廣）及自述的英文墓誌銘（中譯：當我出生時，我哭你們笑，當我去世時，你們哭我笑），在信中特別提到當時由於聽聞白萬祥先生去世的噩耗，還導致血壓升高、情緒低落並住院檢查……

芮大使和白萬祥先生的情誼，需追朔到民國五十三年，當時國家意識濃厚，聲勢浩大，為了鞏固非洲十五個邦交國的友好關係，國防部與外交部合組了一個「中華民國友好訪問團」（簡稱『訪非團』），芮大使及白萬祥任正、副團長，訪非一百天，演出五十五場。當時本人剛大學畢業，應召前往，藝術青年齊聚一堂，宣揚中華文化，往後五十年，團員們還不定期相約餐敍…惜隨著各自年齡增長，相聚成員日益減少…

二〇一一年秋，芮大使夫婦返台，為慶祝大使九十二嵩壽，特由訪非團團員之一的伊竑先生（曾任青工會主任）做東，邀請部份訪非團團員作陪，其中畫家傅申特別寫了幅「鵬飛九萬里、鶴壽三千年」贈送壽星，席間相談甚歡，往事歷歷；由於大家皆是上了年紀的人，話題上多圍繞在健康上，芮大使夫人還親自示範了一些養身操與君同樂。芮大使夫人劉嶼梅係出身外交世家，父親曾擔任廈門市市長，兄長劉渭平曾駐澳洲大使，退休後長居雪梨並任教於雪梨大學；是位書畫家。劉渭平與芮大使由於早年參與僑務委員會結識，故做媒將胞妹介紹給芮大使，因而成就了這段姻緣。十多年前劉渭平先生常返台開會，本人還有幸陪同他參觀誠品書店，惜數年前往生於雪梨。

二〇一一年芮大使返雪梨後即著手籌寫回憶錄，二〇一三年由三民書局出版——「外交生涯縱橫談——芮正皋回憶錄」，之後大使夫婦返台，參加退休大使聯誼會時曾發表回憶錄新書，並同時參加沈昌煥百歲冥誕。

芮大使與沈昌煥部長可謂亦師亦友，他從煥公身上學習不少為人處世之道，而煥公則向芮大使學習法文。

芮大使新書發表後因體力透支，返回雪梨後經細心休養，在病中又以堅毅不拔的精神，繼續寫作，二〇一四由三民書局再度出版「刼後餘生——外交生涯與人結緣」，由前監察院長錢復、前駐教廷大使戴瑞明寫序；兩本鉅著端放在書桌前，時而拜讀與翻閱。

二〇一五年三月九日傳來芮大使仙逝噩耗，享壽九十六，與先父同年。恨山海相隔，不能前往弔祭，正是「世事無常如雲煙、此時此刻剎那間」……

回憶起民國五十三年時，我們皆是滿腔熱血的文藝青年，當時大使正值四十出頭，以上伏塔（今改名布吉納法索）大使身份兼訪問團團長。第一天於羅馬與三十九位團員會合時，即立刻點名熟識每位團員，並認真擔負監督，無論是京劇、舞蹈、國樂等的演出排練；本人是負責古箏、琵琶的演奏，在訪非期間，大使身兼數職，行程安排、文物保管、訂機票…白天文物展時，則由我持托盤，請各國總統元首剪綵，此時大使即在旁用流利的英法語解說。大使有時也表演書法，為訪問團增色，我有幸也獲大使墨寶一幅：「養天地正氣、法古今完人」筆墨蒼勁有力，一如其人。

訪問團經上伏塔時每天大啖夫人的手藝，上伏塔天氣非常炎熱，據說當年芮大使為了和上伏塔達成建交，日夜奔波，自己開車、打電報還留了鬍鬚，屋子沒冷氣就打赤膊工作；其中經歷了一百三十八天的交涉與連繫，吃了不少苦頭，抱著不屈不撓的精神和美、法、德等國大使拉關係，並不時播放國內的電影與文化，逐漸搏得上伏塔的好感進而完成建交任務。

一九九八年芮大使八十壽誕時，訪問團團員相聚慶生，席間壽星幽默的說：「今天大家聚集於此，彷彿又回到了三十四年前，我們又年輕了三十四歲…」並用法國馬賽曲高歌滿江紅…其實早年大使留法時曾想赴義大利學聲樂，真是多才多藝！那天陳雄飛大使也出席壽宴，並稱讚芮大使在非洲的貢獻。「人人有本難唸的經」正是芮大使在非洲二十三年的最佳寫照。閒聊時，得知大使在非洲，除了平日忙於公務外，還為民除害、狩獵，將獅子及野牛斃於槍下，成為英雄並曾封為酋長。

芮大使常戲稱自己「往來無白丁，儘是騷人墨客」，但是文化的力量很大，當時欣賞我們演出的孩子，長大後都難忘我們的精彩演出。

芮大使早年留學法國，回國後從事外交工作並任蔣公翻譯，除了任上伏塔、象牙海岸大使外，並任土耳其、馬利等參事，同時兼聯合國副代表，一生經歷所見所聞與中國近代史息息相關。

一九八二年年，象牙海岸與我亮起紅燈，為溝通中象文化交流以及鞏固友誼，我再度授命抱著琵琶、古箏遠渡重洋，前往象國電視台，介紹我中華文化及十大建設，大使任翻譯並表演書法，頗受好評，惜受國際情勢所趨，隔年中象斷交。

芮大使返國後在文大、淡大授課並任專欄作家，他和夫人與我們一家偶爾相聚，關係親密與融洽。二〇〇八年我參加在雪梨舉行的「世界和平婦女國際年會（WFWP）」時，特別拜訪大使夫婦，大使因對易經獨有研究，因此也介紹了當地的易經學會與我相聚。大使常說：「天行健，君子以自強不息」。近幾年和大使偶以電子郵件或傳真互通訊息，有次大使在傳真上自撰「老來四保」四個字，意即「老身保養好、老本保管好、老伴保護好、老友保持好」！

芮大使由於外交工作關係，結識不少風雲人物，如：葉公超、沈昌煥、胡宗南、李模、陳立夫…等。大使和儒將胡宗南（南公）是早年國防研究院第一期受訓的同學，大使特別佩服南公善戰、講氣節、負責任、大無畏的革命精神，惜南公於一九六二年去世，當時的國防研究院主任張其昀先生為紀念胡宗南將軍，於一九六四年成立中國文化大學時，也一併成立了「宗南堂」以紀念之。胡夫人葉霞翟任文化大學教務長時，本人有幸當她的助教，後來因早產一對雙胞胎，就是乘坐胡宗南的座車急趕赴醫院，此奇妙緣分，當時傳為佳話。

他和立公不僅是忘年之交，還是浙江吳興的同鄉，同時對撞球一樣喜好。外交是需要高度智慧的，撞球也是鬥智的運動之一，芮大使曾提倡撞球外交，並建議外交部成立撞球社；他倆都主張彈性外交、和平統一、弘揚中華文化。

芮大使一生精彩付出、溫文儒雅，對人事物皆有獨到見解，行文至此，緬懷先賢，令人不勝敬仰與懷念。

一〇四年四月十三日 中華日報

EMBASSY OF THE REPUBLIC OF CHINA
01 P.O. BOX 2688, ABIDJAN 01, IVORY COAST

殿魁教授吾兄台鑒：此次慨蒙
同意嫂夫人為溝通中華文化交流、加強兩國
睦誼，宣揚國粹，不辭辛勞、隻身遠道來象國，圓滿
達成文化使節使命，至佩遠見，於公於私，感念不已。
向恆在短短數天之內，贏得象國朝野之重視與欽佩，寵蒙
象文化部長接見，親簽其著作多本，寔說台贈送土風
舞，及向恆琵琶古箏錄音，本館全体同仁及旅象
僑胞之擁戴，可稱收穫豐碩。弟個人尤深慶幸，
認係中象國係史上一件大事。特修寸牋，藉申
謝忱。至盼來年吾兄嫂能同來一遊，弟如返國亦必
專誠造府拜謝聆教也。專此 順頌
教祺不一。

弟 芮正皋 敬啟
七十一年十月六日

向恆以為友好挽留拖延至四日赴比利時晤開

馬習會之我見——炎黃子孫互助振興中華

兩岸分治六十六年後的二〇一五年十一月七日，兩岸領導人終於在新加坡握手會面，這正是歷史關鍵時刻。馬習會致詞中最令人欣慰的是馬英九的第五點主張「兩岸共同合作，致力振興中華，兩岸人民同屬中華民族，都是炎黃子孫，應該互助合作，致力振興中華。北宋大儒張橫渠主張『為天地立心、為生民立命、為往聖繼絕學、為萬世開太平』，習先生，為了兩岸人民讓我們一起努力『為生民立命、為萬世開太平，為中華民族開創更加和平燦爛的未來』。」和習近平開頭所言「兩岸是血濃於水的一家人」及最後致詞「深化兩岸交流合作，增進兩岸同胞福祉，共謀中華民族偉大復興，讓兩岸同胞共享民族復興的偉大榮耀」…在在說明了「和」的重要！所謂「兩岸一家親，家和萬事興」。

提到「為生民立命、為萬事開太平」，使我想到馬英九父親馬鶴凌先生於一九九二年成立「世界華人和平建設大會」，該會的理念正是「為中華民族，萬世開太平」，與會的學者專家，皆共同呼籲世界華人和平共存；互信互助，達到世界大同的目標。世華會不定期在世界各地舉行，一九九九年大會在布魯賽爾召開，前教育部次長顧毓琇曾題「和平統一興中華、天下為公進大同」直軸給大陸江澤民主席，原來江主席曾當過顧毓琇學生。當時立公在台北慶百歲壽誕，未能赴會，但也撰文強調「弘揚中華文化，造福世界人類」以及「自由、平等、博愛、為萬世開太平」的理念，之前也曾透過大陸學者轉贈汪道涵一幅直軸「求統一不談小節，為和平先矢至誠」；以上種種皆強調和平的重要，有和平才有繁榮。一九九八年前立法院院長梁肅戎也成立「海峽兩岸和平統一促進會」，其中三大原則，一、堅持一個中國原則，共同邁向和平統一。二、兩岸對等和平共存，主權領土共享。三、台灣不獨，大陸不武。

二〇〇四年七月七日馬伯伯曾率團前往北京開會，收獲甚大，並作詩刊於廣州詩詞報（註）。自從兩岸開放以來，本人為響應政府加強兩岸文化交流，從一九九〇年自今廿十多年來，曾先後跑遍大江南北，出席有關文學、文化之會議，所接觸多為知識份子；文化人，只談文化，咸認為近年來科技突飛猛進，功利主義瀰漫，暴力充斥，唯有以仁愛、和平為中心的儒家思想，可以防止道德墮落。每一個民族都有自己的精神支柱，才能凝聚全民之力量。由堯、舜、禹、湯、文武、周公、以至於國父孫中山一貫的文化道德，可以說是維繫中國社會井然有序，迄立於世界的不二法門。

一九九五年八月在張博雅會長（現監察院院長）率領下，本人曾隨「世界和平婦女會台灣總會」，前往參加在北京舉行的「聯合國第四屆世界婦女大會。在非政府組織（NGO）婦女論壇的活動中，有來自全球兩萬多婦女代表，朝夕相處，我隨身攜帶了陳立夫著作「四書中的常理故事」乙套，送給主辦單位。在人民大會堂舉行的「中華文化與和諧社會研討會」中，我再三強調儒家中的「己所不欲，勿施於人」的人道主義，化干戈為玉帛。二〇〇八年奧運會在北京舉行，主題曲「我和你」中英文歌響徹雲霄，「我和你心連心，同住地村…」觸目皆是大型「同一個世界，同一個夢想」的標語，正是孔子的大同思想，把它弘揚出去，一定可以促進世界和平！

中華文化源遠流長，博大精深，兩岸的中國人，需集思廣益將「傳統與現代」融合與銜接，必可啟迪建設一個新的禮義之邦的「文化中國」。當今兩岸溝通的重要橋樑—「文字」，更需要積極地力求統一，該簡則簡，該正則正，不應破壞其優美的文字涵意，並讓它得以永續流傳。

大陸在歷經社會改革後，已漸漸重視中華文化的重要，去年將山東曲阜師範大學改名為孔子文化大學，是孔德成早年題的字，一直放在檔案室，去年才取出，重見天日。今年十一月在台北政大舉行海峽兩岸儒家高峰論壇，四川大學國際儒學研究會、北京國際儒家聯合會、山東儒學會均派學者與會，共同發揚儒家菁華，建構文明內涵。據說大陸將教師節和我們一樣，訂在九月二十八日孔子誕辰這天，兩岸教師節在同一天慶祝是件大事。

吾師立夫先生的文章中，都強調中國人從天道中學到的「公」、「誠」、「仁」、「中」、「行」五個字，傳承數千年，正是做人做事的基礎，是人類共生、共存、共進的原理。

顧毓琇、陳立夫、馬鶴凌、梁肅戎均已先後作古，但他們生前為民族和平的振興與推廣，是值得我們兩岸人民繼續努力實踐的。兩岸同胞同文同種，雙方以至誠、共信為原則，並吸取西方科技經驗，所交融成的中國人的文化，是兩岸同胞結合在一起的凝聚劑，也是最高明的原動力。

馬習會都提到中華民族，千秋萬世，直到永遠…總而言之，孔子思想已成為全人類共同的精神財富，只有孔子的仁、義、禮、智、信的中庸之道，才是人類共同企求的文化，也是廿一世紀的文化。

十二日、十三日兩天，在北京舉行的「中華文化復興論壇」，說明了兩岸將繼續走和平發展道路的信心和決心。

《附註》

四海龍傳會玉京，瓊樓慷慨說開平，推恩化獨謀融合，事小弘仁息霸爭，
十載奔號終叩闕，全僑蹈厲自成城，神州放眼驚非夢，快意浮生是此行。

甲申七七北京行吟

一〇五年二月　展望雜誌

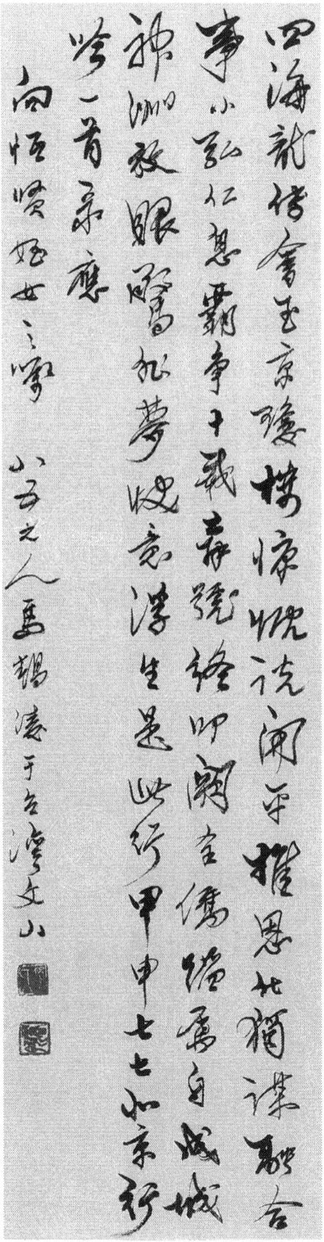

展望雜誌　百尺竿頭

今年四月十六日，在專欄作家聯席會上，遇到了卜幼夫社長：「恭喜展望雜誌今年五十周年！真不簡單，收到貴社的邀稿信，希望我寫些什麼呢？」他回：「隨便寫！」心想「展望雜誌」披荆斬棘、慘淡經營，本著書生報國初衷，獨力支撐半個世紀，精神可佩，怎麼可以「隨便寫呢？」美國的 Look 早已關門，而台灣的 Look 仍存在，擁有廣大讀者，各圖書館都可看到。

使我想到二十年前，民國八十五年八月，我曾應邀出席展望雜誌三十周年餐會，地點在聯勤信義俱樂部，與會者包括政黨界、外交界、新聞文化界，當時的總統府資政蔣彥士、外交部長章孝嚴以及吳伯雄、錢復、丁懋時等均應遊致詞。我的表哥張慶衍，時駐巴哈馬大使返國述職，也上台祝賀「展望雜誌，百尺竿頭」。前立委魏鏞也以「立足台灣、懷抱中國、展望世界，要如馬一般向前奔騰。」來嘉勉。當時的法務部長馬英九，特別提到「展望雜誌，是一本可讀性極高的優良讀物；立場堅定、立論中肯，希望展望雜誌進步再進步，發揮文化傳播的功能」。這雖是二十年前的往事，言猶在耳，卻人事滄桑，慶衍表哥與魏鏞均已作古。至今，展望雜誌仍鍥而不捨，勇往直前，終邁入五十周年。

光陰似箭、日月如梭，三十周年餐會，恍如昨日，依稀記得當時餐會由主人 卜幼夫主持，二哥少夫、四哥乃夫都共同切下三層（代表三十周年）蛋糕，氣氛熱鬧融洽。餐會中，杯光交錯，賓主紛紛敬酒祝賀，與會者唱歌自娛娛人，有人唱民謠、有人唱流行歌，本人應邀唱一曲「梅花」。到場大使還包括沈錡、陳雄飛、黃秀日等。

由於民國五十三年本人曾參加中華民國赴非文化訪問團，因緣際會，結識多位已退休的資深大使，當天薛毓麒大使大使因身體微恙，沒有出席。提到薛大使，不得不感謝他牽起我與展望雜誌的緣。民國七十五年薛大使從駐韓大使退休返台後，知道我在教書之餘喜歡寫作（筆耕），某次由卜幼夫社長作東的餐會中，特別邀約我參與，並介紹我們認識，希望我日後能為展望雜誌貢獻些文章。因展望內容無所不包，有時事篇、學術篇、人物篇、旅遊篇等，當兩岸開放後，又開闢了兩岸關係篇。當時，我送了一本拙作「海濶天空」給卜社長，該書曾獲文藝協會散文獎，書名正是薛大使所命名，封面照片則是由楊西崑大使提供的好望角海景，書名由陳立夫所題，鄭彥棻寫序，能得到這幾位大老的肯定與鼓勵實感榮幸。

兩岸開放後，我常應邀至大陸開會、探親或旅遊，民國八十年參加四川大學舉行的「宋代文化研討會」，寫了一篇與會記實，這是我刊登在展望的第一篇文章。之後，由於卜社長的賞識，陸續寫了不少遊記，並在薛大使的鼓勵下又出了本「鄭向恆遊記」，由薛大使寫序，給予我許多的嘉勉，書名由吾師立公所題，書內收錄了一篇民國七十三年赴韓參加中韓作家會議時，訪問薛大使的文章以及民國七十六年、七十七年在韓國任客座教授時的所見所聞。

提到遊記，不得不提及我的第一本處女作，就是和大弟向元合寫的「半個地球」，內容包括旅非及旅美筆記，這本書是民國五十五年在文化大學創辦人張其昀先生鼓勵下出版的；當時我在文大任助教。而「歐遊心影」是民國六十六年出版的，後來文史哲再版，曾獲中興文藝獎。

近二十年來，陸陸續續在展望刊登了不少旅遊文章，如：四川峨眉山、長江三峽、昆明石林、北載河、兩岸交流之我見、山東曲阜「儒學與文學」、上海老字號招牌、NGO婦女論壇外一章、長沙行、張家界、烏魯木齊、大陸東北行、內蒙行、武夷山、貴州、陽朔黃果樹瀑布、山西深度遊、世界屋脊青藏高原……加上旅美的赫氏古堡巡禮、紐約到台北、兼談旅美雜感……等，加上其他在報上刊登的文章，先後又出了「江山萬里情」、「鄭向恆自選集」、「鄭向恆隨筆」及去年出版的「鄭向恆散墨」。在此特別感謝卜社長的鞭策與鼓舞。卜氏兄弟都是文壇高手，幼夫先生一直從事新聞工作，從中華日報到自行創辦的「展望雜誌」；其二哥卜少夫也自創「新聞天地」，民國五十年後當選僑選立委，交往許多外交人員；四哥卜乃夫（無名氏）為著名作家，其北極風情畫、塔裡的女人，皆為海內外暢銷書，他去世後葬於佛光山。民國百年，我應邀參加在佛光山舉行的世界華人作家會議時，我特別邀請華人作家前往靈骨塔祭拜無名氏。

二〇一六年二月刊登於展望的是「馬習會之我見」，就兩岸攜手，振興中華文化表達一己之拙見，已收錄「散墨」增訂版。我在展望也曾撰寫了幾位人物，如：蔣大使與崑曲的不解之緣、敬悼世紀老人陳立夫、壽陳雄飛大使九十，後來均收錄在我的書中。

展望雜誌中，卜幼夫的風雲人物專欄以及王曉波的時事專欄、魏蕚的學術專欄，都是有時代意義的，不知是否和傳記文學一樣製作成光碟版，隨時攜帶，隨時閱讀？

期盼展望永不停止、百尺竿頭、向前高飛。鐵肩擔道義，棘手寫文章。

一〇五年七月 展望雜誌

念九十九歲陳嘉傑阿姨

人生無常。永遠面帶微笑、個性開朗的陳嘉傑阿姨，因肺炎及腎衰竭，於二○一六年六月二十八日安祥去世，享年九十九歲。七月二十五日在教堂舉行莊嚴肅穆又溫馨的追思禮拜。包括證道、唱詩、祈禱、讀經、追述生平、懷念時光等等。歲數小陳阿姨一輪的湖南「周南女中」旅台校友會召集人的諶德容阿姨，因趕寫紀念文，睡眠不足，囑附我代表晚輩上台致辭。

我眼裡泛著淚水步向台前，我祖籍浙江，卻以陳阿姨的湖南家鄉話哀悼：「陳阿姨和家母廖達德是同班同學，她們比馬英九母親秦厚修阿姨高兩班，從大陸遷台就時有往來，在我唸小學、中學、大學時都留下深厚的印象，直至我結婚生子忙於工作與家庭後就較少往來。即便如此，她赴美住紐澤西兒女家時，依舊與當時住紐約的母親偶有往來。

二〇〇三年母親於紐約去世後，當時擔任周南女中校友會召集人的秦阿姨就邀請我代表母親，繼續參加每年五月一日舉行的校友會，之後才有機會與陳阿姨再續前緣。陳阿姨的臉上始終掛著微笑，唱歌、跳舞、打排球、打麻將樣樣在行，是位多才多藝的長者；每次校友會上，阿姨們最喜歡唱的歌就是『雙飛燕』，陳阿姨也一樣唱得起勁，我看著阿姨們唱得開心，也跟著一起唱『畫欄幽靜晚風微⋯』懷念至此，希望陳阿姨在天安息，和在天國的鄧伯伯同享幸福。想到鄧伯伯，也使我想起去世多年的馬伯伯，他們在世時，每年都會陪著阿姨們一同參加校友會，皆是書香世家。二〇一四年五月一日的校友會，是由陳阿姨的三少爺鄧先毅董事長請客，當時秦阿姨已住進加護病房，不幸於次日辭世；如今老一輩的都先後告別人生，令人不捨⋯祝福陳阿姨在天與鄧伯伯、秦阿姨夫婦，相聚並保佑我們後輩平安⋯」

告別式結束後，由鄧董作東，宴請親朋好友用餐，包括來自長沙的姪女輩、美國的孫子輩、教會朋友、公司同事及五位皆九十高齡以上的校友代表。席間，大家舉杯互祝健康平安，氣氛輕鬆；長沙親友的一首「當我們同在一起」，正是兩岸一家親的最佳寫照，我則獻醜唱了一首一九九八年陪家母赴長沙探親時在張家界學那英的「山不轉水轉，水不轉雲轉⋯」。

陳阿姨育有三女三子，大兒子鄧先耕和我大弟向元於民國五十五年成大畢業時，我曾隨同家母、陳阿姨、鄧伯伯一同前往台南參加他們的畢業典禮，至今已是半世紀前的事了，但卻往事歷歷如昨。

陳阿姨不愧是湖南才女，父親曾參加辛亥革命，夫婿陸軍中將鄧為仁，二十年前心肌梗塞往生時，陳阿姨曾作詩懷念「天涯常憶舊時情，懷念先夫鄧為仁」。陳阿姨九十歲時，曾寫下感言「人生七十古來稀，而今八十不稀奇，嘻哈九十已來到，欣然攀上百歲梯」。

如今九十九高齡仙逝，與鄧伯伯合葬五指山軍人公墓，永懷她與鄧伯伯的瀟灑幽默，祝福他倆在天上享受幸福。

刊載於民國一百零五年十一月展望雜誌

最憶是杭州——G20高峰會晚會追憶

二〇一七年四月六日，川習會在美佛州召開前，上演了中美元首交往以來濃濃的「中國味」的一幕，川普外孫女、外孫演唱的中文歌曲「茉莉花」及背誦三字經、唐詩，讓習近平聽了笑開懷，電視另一端的我也頗感親切。使我回想起二〇一六年九月四日在網路上看到在杭州舉行的G20高峰會晚會，由張藝謀編導的「最憶是杭州」節目包括：春江花月夜、天鵝湖、茉莉花、歡樂頌等，燈火輝煌、五光十色，無論聲光、佈景皆美侖美奐，驚艷世界。

時隔半年，當時的情景仍迴蕩腦際，揮之不去、招之又來。特別是中西樂器伴奏的「茉莉花」，令我墜入時光隧道。一九六四年，適逢大學畢業，應國防部、外交部的徵召，參加了「中華民國友好訪問團」跟隨團長芮正皋大使、副團長白萬祥先生前往非洲十五個國家，演出五十五場。包括合唱、國樂演奏、民族舞蹈、戲曲等節目，團員四十名；我負責琵琶、古箏演奏，將大漢天聲傳至非洲。合唱的曲目包括茉莉花、高山青等，而茉莉花特別受到當地人士的喜愛，這首中國民謠已翻成英、法等語言，在世界流傳著。非洲旋律和我們相同，大半是五音階，所以很容易朗朗上口。音樂無國界，是促進民族感情交流的最好方式。

「最憶是杭州」晚會中，令人印象深刻就是茉莉花大合唱。如果下次川普回訪大陸，屆時應再合唱這首動聽的歌曲，或許中美關係能因共同的音樂向前邁進。

晚會中演奏了許多膾炙人口的曲子，如：春江花月夜。此曲是將初唐詩人張若虛的詩，編成中國最有名的樂曲。五十年前我和外子參加幼獅國樂社時，常一起合奏這首曲子，他吹十一孔新笛、我彈琵琶；包括江樓鐘鼓、月上東山、花影層疊、水雲深處、漁歌唱晚、洄瀾拍岸，充份表現粼波蕩漾、優美寧靜的春江景色。民國五十六年，曾由環球唱片公司，出版了由幼獅國樂社演奏的春江花月夜的唱片，惜時至今日已失傳。此次在杭州所演奏的春江花月夜，演奏樂器中西合併，配上詩歌，令人陶醉。詩經中的「鹿鳴」：「呦呦鹿鳴，食野之苹，我有嘉賓，鼓瑟吹笙。」則藉由兒童清徹的聲音，朗誦出中華文化的溫柔與敦厚。

晚會中另一首中西樂合奏的名曲—梁祝小提琴演奏曲，也將我回到一九七四年，當時正和外子遊學法國巴黎，買了一張由俞麗拿小提琴獨奏、費城交響樂伴奏的唱片，風靡全球，聽得令人蕩氣迴腸。此曲，在文革時曾禁播，後來文革開放後解禁了，甚至在上海捷運月台都可欣賞到。某次赴上海探親時，又聽到配有歌詞的梁祝「碧草青青花盛開，彩蝶雙雙久徘徊，千古傳誦深深愛，山伯永戀祝英台……」從梁祝同窗共讀相愛、十八相送、乃至樓台相會等，句句感人，深情可佩。

無論如何，兩岸人民係源於數千年歷史的中華血統，應共同發揚優秀的中華文化，才能促進民族情感。

晚會的壓軸曲，是貝多芬的「歡樂頌」，此曲是大陸每有大型晚會時常出現的曲子。一九九五年八月三〇日 NGO 婦女論壇，在北京奧林匹克運動場開幕式時，一進場「歡樂頌」的曲子即嚮響徹雲霄，來自全球兩萬多位的婦女代表相聚在北京，友誼四方來。大會主題是發展世界和平；在分組的座談會中，我宣揚了孔子的「忠恕」文化，所謂「己所不欲，勿施於人」。與會婦女代表們雖有言語溝通的困難，但無礙感情的交流，會後大家依舊相互拍照留念、交換名片，時隔二十多年後，這曲中外皆知的「歡樂頌」又勾起我當時的回憶，真是令人再三回味。

提到張藝謀，確實是位難得的人才，大陸幾個大型國際性的活動皆有他的貢獻，如二〇〇八年的北京奧運。如今，G20 高峰的晚會選擇在山青水明的杭州舉行，正是天時、地利、人和。杭州的平湖秋月、三潭印月，湖水籠罩在薄霧中，更添詩情畫意。唐白居易、宋蘇東坡都在此做過官，寫下不少有關西湖的詩。杭州，已屬大陸的一級城市，所謂「上有天堂，下有蘇杭」。

兩岸開放後，無論旅遊、開會，跑遍大江南北，由於我祖籍浙江，外子祖籍江蘇，所以江南一帶幾乎留下足跡，杭州尤其印象深刻。

西湖，如詩如畫、山外有山、樓外有樓，還有靈隱寺、虎跑泉等名勝，除了風景秀麗，如今更是重點發展的先進都市，它的行動支付遍及各行業，從食衣住行而言，已達到「不帶分文、走遍天下」，真是中國第一、獨霸全球。

刊載於民國一百零六年八月展望雜誌

早期作品

發揚鄭成功精神的彥公

最近重新翻閱黨國元老鄭彥棻先生八十紀念文集，對彥公一生的豐功偉業，景仰有加。彥公以學者從政，歷任黨政要職，對國家社會有著卓越的貢獻。退休以後，仍然埋首著書，鍥而不捨，尤其出版多種有關闡揚　國父孫中山先生遺教的書籍，可以說他真是　國父的忠實信徒。但是，很少有人知道，他還是民族英雄鄭成功精神的發揚者。

今年六月，由彥公撰寫華僑協會總會出版的「鄭成功傳略」一書，替鄭成功的德行風範，偉大事蹟，提供了許多珍貴史料。尤其對鄭成功移孝作忠的精神，予後輩青年有著莫大的啟迪。

彥公之所以不辭辛勞完成此書，主要與他歷年來膺任世界鄭氏宗親會理事長有關。該會從一九七二年開始舉行的首屆滎陽鄭氏世界懇親大會迄今，每年，無論在何時何地舉行，都由彥公主持，並闡述鄭成功的愛國精神，無形中，為僑社，為祖國，為復興中華文化，作了深遠的貢獻。

我們研讀「鄭成功傳略」一書後，對鄭成功才有更深的認識。鄭成功僅是一名秀才，當國家多難時，召集有志之士勤王救國。以金、廈兩島練兵，抗拒清師百萬，且發兵進圍南京，奮戰江南，退而驅逐紅毛，收復臺灣，開疆拓宇，為大明延數十年正朔，為中華民族增光生色！

彥公特別推崇鄭成功，無論起義抗清，驅荷建臺，都是基於一種對國家民族忠誠為出發點，在表現出公而無私，國而忘家的精神。鄭成功之所以成為偉大的民族英雄，之所以為中外人士所敬仰，係出之於以下四大精神：

其一：為民族大義的愛國精神。

其二：為創業圖治的建設精神。

其三：為移孝作忠的報國精神。

其四：為大公無私的治事精神。

提到移孝作忠時，鄭成功不但對其親母翁氏行孝，同時對其繼母顏氏亦甚為孝順。他不但自己行孝，還鼓勵僚屬行孝。對父母行孝的人，自然對國家盡忠，因為忠良必出於孝子之門。

在這方面，彥公可以說充份發揚了鄭成功的行孝盡忠的精神。彥公四歲喪父，十一歲喪母，生活困苦，卻能力爭上游。唸小學時，他住在該校所在地之外祖父家。外祖母過世後，外祖父有一繼室，年齡只比彥公大一點，但是彥公卻侍奉她如同己的生母。後來到了臺灣，也一直由彥公照拂。每年大年初一，必率同家人前往外祖母家拜年，每逢親友長輩同桌餐會時，說是中國傳統美德的實行者，令人敬佩。講到家族宗親的團敘時，他常以　國父遺教，勉勵大家：「中國國民和國家結構的關係，先有家族，再推行宗教，然後才是國族，這種組織一級一級放大，有條不紊，大小結構的關係，當中是很實在的。」

他亦經常引用先總統　蔣公對復興中華文化的遺訓，指示我們要以「倫理」做基礎。世界鄭氏宗親就是建築在這種由小而大的宗親倫理上，在彥公的推動與鼓勵下，組織日益昌盛，宗親遍佈全球。由於世界鄭氏宗親的團結，希望進而更促成世界其他各姓宗親的大團結，共同努力，為實現　國父「以建民國以進大同」的崇高理想，共同為促進全人類社會的和平幸福而努力。

該會為了紀念民族英雄鄭成功的偉大精神，在各宗親熱烈捐助下，選擇在臺北外雙溪故宮博物院斜對面山上，興建了一座世界鄭氏大宗祠及鄭成功廟。待建築物全部竣工後，不僅使鄭氏宗親有精神上歸宿之所，亦為臺北增加一重要觀光勝地。

據說臺中也正在興建一座規劃完整、造型突出、而氣勢雄偉的「鄭成功紀念館」，以期使鄭成功的偉業足與日月爭光，與山河並壽。

關於鄭成功對後世影響，在彥公所著「鄭成功傳略」的引言和結論說得很好，茲節錄於下：

「如果他那愛國家、愛民族的事蹟和偉大的精神，能夠啟發我們團結的心靈，拉近人與人間的距離，增進我們的信心，加強以三民主義統一中國的動力。以愛家、愛鄉、更愛國的心情，戮力奮發，相信必能達成我們的使命。這就是我以垂暮之年，撰寫「鄭成功傳略」這本小冊子的心願，不僅是紀念永受世人景仰的成功公而已！」

從這兩段話，不難窺出彥公的忠誠愛國思想。

八十年二月　鄭彥棻先生紀念集

今天不談外交——訪薛毓麒大使談文學

外交是一種藝術，文學也是一種藝術。閱讀、背誦文學作品，更是人生高尚的消遣之一。凡只是喜歡讀書的人，必也是腦筋清楚，胸有成竹，而且氣度雍容、懂得生活、懂得辦事的人，難怪古人云：「腹有詩書氣自華。」

嗜書如命的資深大使

從事外交工作近半世紀的資深大使薛毓麒，就是一位嗜書如命的人，他背誦古文的習慣，數十年如一日，甚至在入睡前，躺在床上還閱讀一段大唐西域記或默誦一段古文。他常引用外交前輩蔣廷黻的話：「不讀歷史的人，決無法辦外交……」自從他卸任駐韓大使返抵國門後，就親自到商務印書館購了一套「資治通鑑」。他說：「回來了，可以好好關門讀書了！」不知誰說過：「經史百家之言，昭然若燦。」多讀古書，必能吸取先哲們的謀略智慧、經驗教訓，並有獨到的心得。

他回憶他在中學時代就讀過「資治通鑑」原文，印象至為深刻。「衛鞅言於秦孝公曰：『夫民不可與慮始，而可與樂成。』」，「多麼簡潔而優美的文句啊！」他說。「通鑑」網羅宏偉，使他瞭解國家興衰之迹，以及生民休戚之事，可以說奠定了他從政的基礎。

除了「通鑑」外，「左傳」、「戰國策」、「史記」，也是他經常背誦的。因為其中有很多外交辭令，「左傳」中「宮之奇諫假道」的一段文，就是他耳熟能詳的。「『將虢是滅，何愛於虞』這是左傳特殊的文法，用意似在加重語氣；另有類似的一句是『將禍是務去而速之』」薛大使說。接著他又反覆背誦其中一段：「虢，虞之表也，虢亡、虞必從之，晉不可啟，寇不可翫，諺所謂輔車相依，唇亡齒寒者，其虞虢之謂也……」。「可惜昏庸的虞公不聽宮之奇的忠告，終於亡國了。」我說。

提到史記的文章，他最喜歡背誦的是「秦楚之際月表」：「曰初作難，發於陳涉，虐戾滅秦自項氏，撥亂誅暴，平定海內，卒踐帝祚，成於漢家。五年之間，號令三嬗，自生民以來，未有受命若斯之亟也。」「這段文由陳涉的發難，項羽的滅秦，以至劉邦的稱帝，概括了秦楚之際政治形勢的特點，這些都是在五年期間所發生的事。被司馬遷幾句話說清楚了。」

談到司馬遷「報任少卿書」，他認為這是一篇百讀不厭的好文章，可以和屈原的「離騷」抗衡千古。「但是，對一般中學生來說，還體會不出作者不能進言的苦衷，至於他的忍辱偷生，希望完成史記這本書，實在令人感動！」我說。

背誦文章中的精華段落

活到老，學到老的薛大使，無一日不讀書，無一日不寫字，他每天騰出半小時練書法，把熟習的古文精華處書寫一篇，如劉向「戰國策序」、賈誼的「過秦論」、劉勰「文心雕龍原道」、李密「陳情表」、鮑照「蕪城賦」等，可以說都是千錘百鍊、感染力極強，值得一讀再讀的好文章。他順口背誦了「過秦論」的一段：「一夫作難而七廟墮，身死人手，為天下笑者何也？仁義不施，而攻守之勢異也。」

「由此可知，攻擊是最好的防守了，可以運用到外交的策略上。」

他認為：中國古書浩如烟海，不可能全部瀏覽，就是好的文章，也不可能從頭至尾一字不漏地背完，而是攝取其最精華的一段。以李密的「陳情表」來說，他認為最感人肺腑的是最後兩段，作者闡明祖孫相依為命的關係，懇請武帝批准終養其祖母的要求。文筆流暢婉轉，感情真摯，扣人心弦。「伏惟聖朝以孝治天下，凡在故老，猶蒙矜育，況臣孤苦，特為尤甚。……但以劉日薄西山，氣息奄奄，人命危淺，朝不慮夕；臣無祖母，無以至今日，祖母無臣，．無以終餘年。母孫二人，更相為命，其以區區不能廢遠。臣密今年四十有四，祖母劉氏九十有六，是臣盡節於陛下之日長，報劉之日短也，烏鳥私情，願乞終養。」「這篇文章語氣是這麼地謙卑，可以說是含著淚水在哀求；最後以生死必報大德的保證『生當隕首，死當結草』作為文章的結束，忠愛之情，溢於言表」他評論著。

「王羲之的『蘭亭集序』，喜歡嗎？」我突然轉移話題。「當然，我有王羲之的『蘭亭集序』的帖，印得非常好，韓國的朋友也很喜歡。」「仰觀宇宙之大，俯察品類之盛，可以游目騁懷，足以極視聽之娛，信可樂也」他順口背誦了這幾句。我很瞭解他背誦此文的心境，人生短暫，俯仰之間，都成了陳迹。追憶往昔，如同一場幻景。以他多彩多姿的外交生涯來說，更有另一種體會。

韓國臥龍廟前未見柏森森

至於宋朝范仲淹的「岳陽樓記」；歐陽修的「五代史伶官傳序」、「瀧岡阡表」；蘇軾的「賈誼論」等都是他認為百讀不厭的好文章。「范仲淹的『岳陽樓記』，簡潔傳神、字字珠璣、文情並茂，充分發抒了聖賢憂國憂民的心地。」至於「五代史伶官序」，令他印象最深的是頭兩句：

「嗚呼，盛衰之理，雖曰天命豈非人事哉！原莊宗之所以得天下，與其所以失之者，可以知之矣！」「這篇序文主要說明國家興亡之由，以為後世警戒，是篇很好的文章」他頗有心得地說：「後唐莊宗在五代的幾個帝王中，本是武功顯赫的一位英主，只因他懂音律，能制曲，喜歡喝酒唱歌、耽於逸樂，所以每日與伶官嬉戲，把伶官擢升為高位，任其敗政亂國，以致眾叛親離，本身被弒。」使我想到新加坡總理李光耀接受記者訪問時，說明他的治國之道，得之於書本，書本中有許多足以取法的，令人警惕的。難怪古代做官的人，是離不開書本的，相信，此為古今不變之理。

「您喜歡賈誼的過秦論，談談蘇軾筆下的賈誼這個人吧！」我問。「賈誼是西漢有名的文學家兼政論家，文帝很欣賞地，但是被文帝身邊的人反對排擠，賈誼懷才不遇，東坡很同情賈生的有志不得伸，所以詳細析論了賈生這個人，固然有才，卻不能與人苟合，一旦有與己之意見不合時，或己之意見不被採用時，便憂愁悲傷，消極失意了。」「所以賈誼之不被重用，自己也該檢討一下。不過，自古以來，凡是才學超越當世的人，必定有不能應合世俗的毛病。」他感慨地說。

除了古文之外，他對唐詩宋詞也有所獵取，他最喜歡背誦的是杜甫、白居易、李商隱的詩以及蘇辛的詞。他回憶在韓國任內，某日在南山附近散步時，偶然發現了一個「臥龍廟」，原來是韓國人紀念諸葛武侯的，當時他就低吟著杜甫的丞相祠詩句：「丞相祠堂何處尋？錦官城外柏森森……出師未捷身先死，長使英雄淚沾襟化……」「韓國的臥龍廟前有沒有柏樹呢？」我問。「柏樹是沒有，但卻看出韓人對諸葛武侯的崇拜。」薛大使回憶以前在成都住過，但是當時正值抗戰時期，兵荒馬亂地，連「武侯祠」都沒去過。我告訴薛大使說去年八月我去成都參加「宋代文化國際研討會時，曾就近參觀了「武侯祠」，祠內遊客如織，可見中國人對武侯的景了。薛大使說他最崇拜孔明的是他那種臨危不亂，指揮若定的精神，這對他以後的外交工作，有很大的效法作用。

問到為何喜歡杜詩時，他說杜甫詩中有著「悲天憫人」的精神和「任重道遠」的抱負。同時，杜詩中的藝術成就也很高。「映階碧草自春色，隔葉黃鸝空好音」就是薛大使最欣賞的，他說，在韓國的春天，讓他真正領略了這兩句詩中的「自」字和「空」字，使整個詩意感到淒涼，也可體會出作者對武侯的敬佩。

主張把題旨相同的詩詞合併欣賞

提到白居易的「琵琶行」也是薛大使經常背誦的。此詩辭章華美，格調悽惋，抒發了琵琶女和作者的「天涯淪落」之感傷。接著我問他喜歡李商隱的詩嗎？「喜歡，尤其是他的那首『無題詩』，真可以說字句瑰麗，情意深長；有的以為是感遇之作，有的以為是愛情之作，議論紛紛，各抒己見」，「您的看法呢！」「就算是首情詩吧！春蠶到死絲方盡的絲字，和相思的『思』同音，充份表明作者思念之情，這種思念之情直對死方止，可以說對愛情的執著。」「蓬山此去無多路，青鳥殷勤為探看」更是表明了男女雙方感情的堅貞不移。儘管那是一座蓬萊仙山，凡人不易進去；可是還是可以請求王母駕下的青鳥使者，打探一下消息，萬一有了下落，還是可以沖破層層障礙和她相見；這兩句詩太美了，太美了！」

至於詩詞的欣賞，薛大使主張把相同題旨的，併在一塊欣賞，更有深入的體認。譬如「金陵懷古」，有唐劉禹錫的「烏衣巷」、五代韋莊的「金陵圖」、宋周邦彥的西河

「金陵懷古」，以及元薩都刺的滿江紅「金陵懷古」，清孔尚任「桃花扇哀江南曲」。可以互相配合來讀！趣味無窮，接著他低吟著薩都刺的幾句「六代豪華春去也，更無消息。空悵望山川形勝，已非疇昔。王謝堂前雙燕子、烏衣巷口曾相識。聽夜深寂寞打孤城，春潮急。」真是令人不勝感概！

最後提到辛稼軒的「青玉案」、「賞元宵」，是首耐人尋味的詞作，尤其最後兩句：「眾裏尋他千百度，驀然回首，那人卻在燈火闌珊處。」「也許是寫作者念念不忘的人；也許是寫作者自己的懷才不遇，記得梁啟超曾評論說：『自憐幽獨，傷心人別有懷抱。』」他評論著。

在外交上折衝樽俎近五十年的薛大使，一再謙虛他在文學上，還要不斷地學習；其實從他的談吐中，得知他的中國文學修養是相當深厚的！

八十一年五月廿五日 中央日報

非洲先生楊西崑與中國文化

前外交部次長、非洲先生楊西崑大使。於元月六日，在越過公元兩千年後，與世長辭，享壽九十歲。走過近半世紀外交生涯的楊大使，在晚年！最大的願望，係想完成史料整理後，到世界各地走走、看看朋友，詎料病魔纏身，「壯志未酬身先死……」，留給世人無限的思慕與懷念。正如外交部長程建人所說：「楊大使是位有風格、有原則的優秀外交官。」楊大使足跡遍非洲，是一位勇於負責、忠於職守、有著高度民族意識的外交官。

猶記民國七十二年夏，我曾有幸率領文化訪問團，前往南非，承蒙駐南非大使楊西崑熱忱的接待，令我們有賓至如歸之感。那時楊大使雖已七十出頭，卻神采奕奕，言談雍容，又不失風趣，毫無半點官味和俗氣，展現了長者之風。在歡迎酒會上，大使致詞時，除了表達歡迎我參訪團的中華才藝及友誼。在溝通非洲人的感情外，同時還提到尋求華僑在南非爭取平等待遇時，希望每一位華僑在行為中，都應該表現我們是一個有五千年悠久文化的民族。引起在場華僑以及訪問團員如雷的掌聲。同時他又引用「言忠信、行篤敬，雖蠻貊之邦可行矣」這句話可運用在外交上，更何況非洲並非是想像中的蠻夷。「所謂敬人者，人恆敬之，愛人者，人恆愛之，只要我們內心出於至誠，必可交到朋友的。我們沒有悲觀的權利，更不能坐以待斃，窮則變、變則通，多做、少說……」。令人如沐春風、受益匪淺。這些不都是中華文化中的優點嗎？儘管國際情勢已經不同於往昔，但老外交官的肺腑之言令尤難忘……。

楊大使，早年在北大唸的是外文系，視書如命，無論走到哪兒，幾箱書跟到哪兒。四十年代的一些英美文學名著均能朗朗上口，對往後當外交官時的演講助益匪棧，儘管如此，卻念念不忘中國文化，他說：「中國文化偉大的地方，就是能吸引人家的長處；如果文化到了閉關自守，就談不到進步。但對自己的文化一定要有信心。」難怪大使在中美斷交時，最後的演講亦以堅定口吻，說明我政府為了理想，將繼續奮鬥之立場，並向美方人士說：「我們會回來的！」展現了老臣之豪語。當時，憑著他堅定「善意」與美折衝，為我方爭得了最大利益，並穩住亂局。

走過滄桑的歷史，走過從前，時光倒流到民國五十三年，當時楊大使任非洲司長時，為了加強非洲人民對中華民國的了解以及中華文化的認識，特籌組了一支「中華民國赴非文化友好訪問團」，團長為芮正皋大使，副團長為白萬祥先生，團員包括郎雄、傅申、倪賓等。筆者那時剛大學畢業，應召忝為團員之一（演奏古箏、琵琶），訪問非洲十五國，歷時一百天。當時楊大使才五十多歲，平均每年有四、五個月穿梭於非洲大陸，被譽為「非洲先生」。期間非洲國家紛紛獨立，無一國獨立慶典，沒有大使的參與。由於長年曝曬於非洲炎熱陽光下，不得不戴上一副墨鏡，好似電影明星般。訪問團偶在非洲某地和楊大使相遇時，他鄉遇故知，倍感親切。因為這段因緣際會，筆者和非洲也結下不解之緣。距民國五十三年後的十五年後，於民國六十八年、七十二年，均先後率團前往模里西斯、留尼旺、南非等訪問。迄今固已雪泥鴻爪，令人感慨萬分。

楊大使於十年前自南非大使卸任返國、這段時間，大使最喜歡由敦化南路住所，漫步到位於仁愛路的一家「四季西餐廳」中午與朋友餐敘。他的固定座位，是二樓靠窗戶的一張桌子。筆者有幸亦被邀約，常常聆教到下午二時，還意猶未盡，特別在中國文化的薰陶上，使我受益良多。

楊大使一生秉著中國傳統「嚴以律己、寬以待人」以及「克勤克儉」、「謹言慎行」

期勉自己。他特別提到「不可言，而與之言，謂之失言」告誡青年學生。在「勤」字方面，他經常引用象牙海岸總統伍佛布尼的話；「給人魚吃，不如教人釣魚……。」問到如何做好公務員：「清廉！」大使常引用林肯的話：「……有人問我有多少財產？我告訴他，我有一個妻子、一個兒子，此外一間辦公室，有張桌子、三把椅子，以及牆角一排書架。」林肯是大使崇拜的人，他痛恨賄選。痛恨公職人員貪污。生性耿直的大使在任內知無不言，是傳統的讀書人，所謂「為天地立心，為生民立命，為往聖繼絕學，為萬世開太平」的諤諤之士。

民國八十四年，北大校長吳樹青訪台時，在會晤北大校友楊西崑時。楊大使曾提到了中華文化的重要，他說：「一個民族、一個國家，之所以能夠存在，最要緊的是『文化』的因素：中國文化上下五千年，可以作為未來世界文化中的中流砥柱，如果把它弘揚出去，必可以謀求人類幸福、世界和平。」他又提到國際知名學者湯恩比，認為「未來世界上僅有兩種文化可以存在，在東方就是中華文化……」，如今，一晃又是五年了、言猶在耳，當時真恨沒用錄音機錄下來。

望之儼然、即之亦溫的楊大使，年少時的志願是教書，因為他自知不是個邸 **Yes man**（唯唯諾諾的人），不適合於官場。早年在偶然的機會中，在紐約的書店中，遇到當時在北大任教的傅斯年，在傅的推薦下，踏上外交不歸路。如果當時任教，說不定現在也成了大學者，桃李滿天下了。人生的抉擇全在一念之間。晚年大使最大消遣，就是讀書、閱報、逛書店。面對瞬息萬變的時代，如果停止了學習，將成井底之蛙。對傳統文學尤手不釋卷，傳記文學社長劉紹唐是他的學生，每期免費贈閱。無論天涯海角，均可讀到傳記。他說傳記是部活的歷史，令人可以了解歷史、策勵將來，對目前坊間不同的傳記，非讀不同版本不可，如此才客觀。真是家事、國事、天下事，事事關心。因此使我聯想到薛毓麒大使，目前早已「投閒置散」，聽說患了老人失憶症，但每天仍翻閱不同的報刊或資治通鑑等史料，他們真稱得上有風格、有氣度的政治人物，值得做年輕人的表率！

八十九年二月　傳記文學

楊西崑的生活樂趣——讀書讀報逛書店

拿破崙曾說過：「讀書就是力量，因為讀書可以增加人生力量，充實人生價值」。前駐南非大使楊西崑先生就是一位秉著「讀書就是力量，知識就是權力」的信念，一生孜孜不倦，不曾離開過書本的資深外交官。

望之儼然，即之也溫的楊大使，自從退休之後，最大的樂趣，莫過於「讀書、讀報、逛書店」，所謂「秀才不出門，能知天下事。」

他常說：「人活著，就要不斷學習，不斷吸收新的事物；尤其面對瞬息萬變的時代，你如果停止了學習，就成了井底之蛙。生活就是不斷地挑戰，不斷地學習；在學習過程中，才獲得生命或人生的意義。」

楊氏早年畢業於北京大學外文系，興趣是文學，志願係教書，後來之所以走上外交的不歸路，是因為當年「逛書舖」的機緣？

那是一九四七年在美國哥倫比亞大學做研究時，在紐約的舊書舖中，巧遇北大校長傅斯年，在傅校長的大力推薦下，擔任了我國駐聯合國代表第一任常任代表郭泰祺大使的私人秘書，從此開始了他的外交生涯。

嗜書如命的楊大使，雖然獻身外交工作近半世紀之久，無論走到那裡，幾箱書就跟到那裡，四十年代購得的一些英美文學名著，仍完好如初地保存著，其中有的還有眉批。儘管書籍紙張有些發黃也捨不得丟。

尤其是幾本英、法字典，他說字典就是他的老友；就是他的命。最早的一本字典，是高中時代在上海購買的，直到前幾年才割愛送給他在普林斯頓執教的長子。

回首來時路，楊大使的一生，除了流血流汗，埋頭苦幹辦外交外，別無嗜好。「讀書」、「演講」調劑了他的生活，年輕時候從書本中背來的一些好文章，都成了日後演講的好材料。

他一生清廉正直，最厭恨公職人員貪污，他說人要窮得有骨氣，同時他也痛恨賄選，他常引用林肯的一段原文：「……有人寫信問我有多少財產，我告訴他我有一位妻子和一個兒子，都是無價之寶。此外，還租有一個辦公室，有一張桌子、三把椅子，以及牆角上的一排大書架……。再有的就是你們這些朋友……。」林肯是他敬佩的偉人之一。

同時他也常以莎翁名句期勉年輕人：「……在面臨問題時，抉擇關鍵在於『做』或『不做』，但你必須要明白的是，除了問題之外，你還面對時間，時間稍縱即逝，永不回頭，所以時間就是事實，而猶豫則是殺手」，他常說人生介於好與壞、對與錯之間的掙扎。同時人生也是毅志力的考驗，一旦你投入一項事業，就義無反顧，勇往直前。

其實楊大使長期閱讀「傳記文學」不曾間斷，傳記文學主編劉紹唐先生，還是他早年在西南聯大的學生哩！有了這層師生之誼，無論他人在海外，在國內，傳記就寄到那。他說傳記文學是一部活的歷史，令人可以了解過去，策勵將來。

對於目前坊間五花八門的各類傳記，則非多讀不同的版本，方可予以比較。中央日報長河版的名人軼事，也很有可讀性。他說。

楊大使雖已年屆八旬，對國際現勢，國家大事，兩岸互動，卻不曾因年老退休而稍減，反而有更多的時間去閱讀各類報章雜誌。

尤其是每天面對五、六份的報紙，似乎要花上半天時間不可。不同報，有不同立場，多看才能分辨是非所在。他甚至還剪貼相關資料，書桌不夠用，就攤在餐桌上，餐桌理不清時，只好在客廳泡生力麵吃，遇到有客人造訪，則只好上館子了。

八十三年六月一日　中央日報

復興中華文化統一大陸國土

——立夫先生談「統一」的基礎

在一次餐會中，有幸聆聽了立夫先生對海峽兩岸統一的看法。印象至為深刻，不但加強了「統一」的信心，同時也以做為一個中國人為榮。

立夫先生懇切的表示，中華民族擁有五千年歷史文化。是海峽兩岸統一的基礎。兩岸都需要繼承和發揚我中華民族優良的傳統文化。

中華文化，歷史相當悠久，如以伏羲氏開始，至少有六千四百年。正式有文字紀載，則始於堯舜。中華的燦爛文化，不但使我中華兒女共生、共存，同時對世界的文明所產生的偉大貢獻，是有目共睹的。其中印刷術及紙的發明就是很好的明證。

我們的老祖先，對「天」特別的崇敬，一切效法於天。就以天文學和曆法的研究成果來說，其中的許多觀念十分科學，日本天文學家荒木俊馬就曾經說過；

「天文學，在你們的書經上已講得很好，你們為何懷疑自己的文化？」

眾所周知　國父三民主義中的民本思想，就淵源於儒家思想。禮記中所說：「天下為公，選賢與能。」正是民主政治的真義。孔子所說：「有教無類」就是提高人民的教育程度，使能獲得自由平等地位。大學的「民之所好好之，民之所惡惡之」，都是邁向民主化的最佳途徑。

在提到中華民國台灣之所以社會安定、民生富裕時，是因為受到中華文化的薰陶；中華文化以倫理道德為主。有了道德，自然發揮互助、互存以及不忘本的精神。

他舉例，曾得諾貝爾化學獎的李遠哲博士、電腦大王王安博士，以及太空人王贛駿博士，他們都自認為，所以有現在成就，不得不歸功於儒家思想的潛移默化並呼籲加強民族教育。甚至王安博士投資在美國設置了漢學研究中心，供世人研究中國文化的歷史。他曾強烈的肯定他從中國文化中所學到的為人處事態度與價值觀念，對他日後做生意有著深厚影響。因為中國儒家強調行為要端正，要有節制。

由此可知，中國文化中的道德力量何其偉大！

立公又說：資本主義：「重利而輕德」，共產主義「重物而輕人」，惟有中華文化

「重人兼重德」。中華文化一切以人為主，以德為首。以人以德為基礎的社會、自然講信修睦、互助合作，能走上康莊大道。

英國一位史學家威爾斯曾說：「中國文化裡的優美傳統，有其深厚的價值，不是任何暴力可以毀滅的。」

如果海峽兩岸的人民都有此共識，則「統一」的基礎，才能穩固，進而達到中華文化統一中國的願望，則二十一世紀將是中國人的世紀。

中華文化統一中國，是使十億多中國人結合在一起，最高明的方法。

七十七年十二月九日 青年日報